WERNER SCHURIG

Überlegungen zum Einfluß biosoziologischer
Strukturen auf das Rechtsverhalten

Schriftenreihe zur
Rechtssoziologie und Rechtstatsachenforschung

Herausgegeben von Ernst E. Hirsch und Manfred Rehbinder

Band 53

Überlegungen zum Einfluß biosoziologischer Strukturen auf das Rechtsverhalten

Von

Dr. Werner Schurig

DUNCKER & HUMBLOT / BERLIN

Die Arbeit wurde mit Mitteln
der Dr.-Leo-Ricker-Stiftung, Freiburg i. Br., gefördert

CIP-Kurztitelaufnahme der Deutschen Bibliothek
Schurig, Werner:
Überlegungen zum Einfluss biosoziologischer
Strukturen auf das Rechtsverhalten /
von Werner Schurig. — Berlin: Duncker und Humblot, 1983.
   (Schriftenreihe zur Rechtssoziologie
   und Rechtstatsachenforschung; Bd. 53)
   ISBN 3-428-05385-0
NE: GT

Alle Rechte vorbehalten
© 1983 Duncker & Humblot, Berlin 41
Gedruckt 1983 bei Buchdruckerei A. Sayffaerth - E. L. Krohn, Berlin 61
Printed in Germany
ISBN 3 428 05385 0

Vorwort

Nach Eugen Ehrlich bilden Übung, Herrschaft, Besitz und Willenserklärung die vier Rechtstatsachen, ohne die eine normative Ordnung des Soziallebens als Rechtsordnung nirgends und niemals bestehen kann. Dieses rechtssoziologische Konzept erweitert der Verfasser um die verhaltenswissenschaftliche und biologische Dimension und stößt damit in Wissensbereiche vor, die der üblichen juristischen Diskussion verschlossen sind, aber ihr den Weg von der bloßen Rechtskunde zur echten Rechtswissenschaft weisen. Der Verfasser sucht nämlich den Zugang zu der biologischen Dimension der vier Rechtstatsachen, um seine These zu begründen, daß Recht in manchen Bereichen um so effektiver ist, je mehr es sich an biologischen Gegebenheiten orientiert.

Als Ansatzpunkt dafür dient ihm das von jedermann nachempfindbare persönliche Erleben von „Schuld" oder „schlechtem Gewissen". Hierbei geht er nicht von einem rigorosen kausalgesetzlich ablaufenden Determinismus menschlichen Verhaltens aus, sondern bejaht grundsätzlich eine individuelle Willensfreiheit — wohl im philosophischen Rahmen der sog. „Vereinbarkeitstheorie", wie ich sie in meinem Aufsatz „Die Steuerung des menschlichen Verhaltens" (Juristenzeitung 1981, S. 41 ff. unter Ziffer IV 4) dargestellt habe. Für ihn ist „schlechtes Gewissen" der Ausdruck eines Gerechtigkeitssinns, der sich während des menschlichen Lebens in verschiedenen Entwicklungsstadien nachweisen läßt. Die angeborenen Elemente oder genetischen Programme, nach denen Vorstellungen von „gut" und „böse", von Recht und Unrecht entwickelt werden, bilden gleichsam die Bausteine des Gewissens, das im Gerechtigkeitssinn zum Ausdruck kommt.

Der Verfasser prüft nun anhand neuerer Forschungsergebnisse aus dem Bereich der Neurologie, ob Anhaltspunkte dafür bestehen, daß den oben genannten Rechtstatsachen Eugen Ehrlichs im menschlichen Gehirn lokalisierbare neuro-physiologische Abläufe unterliegen. Er kommt zu dem Ergebnis, daß sowohl die Willenserklärung als wichtigstes Mittel eines geordneten gesellschaftlichen Zusammenlebens als auch Herrschaft, Besitz und Übung eine eigene biologische Dimension besitzen. Er empfiehlt, in Zukunft elektrochemische und -physikalische Prozesse im Hinblick auf ihre Relevanz für das Rechtsverhalten der Menschen zu erforschen und Erkenntnisse der Neurophysiologie und der Verhaltensforschung mehr noch als bisher in den Dienst der juristischen Grundlagenforschung zu stellen.

Eine schöne und klare Schrift, wie sie nur selten von Juristen verfaßt wird.

Königsfeld im Schwarzwald, im April 1983

Ernst E. Hirsch

Inhaltsverzeichnis

Einführung 11

I. Biologische Grundlagen des Rechtsverhaltens 15

    1. Erlerntes Verhalten und genetisches Programm 15

    2. Biologische Gegebenheiten als strukturierende Elemente 16

II. Die vier Rechtstatsachen von Eugen Ehrlich als Strukturen des Rechts   18

    1. Besitz als soziale Institution 18

        a) Die Strukturen des Besitzes 20

            aa) Die Rechtsnatur des Besitzes 20

            bb) Die beteiligten Parteien 21

            cc) Der Bezug auf die Besitzobjekte 22

            dd) Die gesellschaftliche Sanktionierung 23

            ee) Sanktionen im Verhältnis von Besitz und Recht 23

        b) Besitzstreben und Sicherheitsbedürfnis in anthropologisch-kulturhistorischem Zusammenhang 24

        c) Die psychische Ontogenese des Besitzverhaltens 29

            aa) Herrschaft als notwendig soziale Erfahrung 29

            bb) Das affektive Element des Besitzes 34

            cc) Die Entwicklung des Gerechtigkeitsempfindens 35

    2. Vertrag als soziale Institution 40

        a) Vertrag als triadische Beziehung 40

        b) Das Vertragskonzept als anthropologische Struktur 42

        c) Die psychologische Dimension des Vertrages 45

3. Die Übung als Strukturelement des Rechts 50

4. Die psychischen Wurzeln der vier Rechtstatsachen in ihrem Zusammenhang 52

III. Die biosoziologische Dimension der vier Rechtstatsachen 54

1. Der Gerechtigkeitssinn als Kontrollmechanismus für das Rechtsverhalten des Menschen 55

   a) Vom Ursprung des Schuldgefühls 55
   b) Das Problem neurologischer Lokalisierung 58
   c) Frühe Erfahrungen und sensible Perioden in der frühkindlichen Entwicklung von Verhaltensmustern 58
      aa) Hauptkategorien sensibler Perioden 59
      bb) Entwicklung des Gerechtigkeitssinnes in „optimalen" Perioden 61
   d) „Gewissen" und „biologisches Gewissen" 63
      aa) Die Lehre vom „biologischen Gewissen" 63
      bb) Die Lokalisierung angeborener Verhaltensprogramme 66
      cc) Das Bezugsfeld angeborener Verhaltensprogramme 67
      dd) „Kultureller" und „biologischer" Normenfilter 67

2. Die Beziehung der vier Rechtstatsachen zu angeborenen Verhaltensprogrammen 68

   a) Spezifische Zentren im Gehirn 68
   b) Neurophysiologische Zusammenhänge 69
      aa) Der „R-Komplex" 71
      bb) Das limbische System 74
   c) Angeborenes Streben nach Besitz? 77
   d) Respekt vor Besitz 78
   e) Der Neocortex 81
      aa) Der „prefrontal cortex" 82
      bb) Die Verbindung des „prefrontal cortex" zum limbischen System 83

f) Die biosoziologische Dimension der Willenserklärung 85

g) Die biologischen Bedingungen der vier Rechtstatsachen als Grundstruktur des Gerechtigkeitssinnes 88

3. Die Relevanz biologischer Gegebenheiten 89

Literaturverzeichnis 91

Einführung

In der rechtswissenschaftlichen Grundlagenforschung ist in jüngster Vergangenheit ein Ansatz sichtbar geworden, dessen Gehalt hier unter rechtssoziologischen Gesichtspunkten aufgenommen und fortgeführt werden soll.

Es handelt sich um Bestrebungen, Rechtsentstehung und rechtliches Verhalten nicht mehr ausschließlich als Gegenstand philosophischen Denkens oder als lediglich kulturell bedingte Erscheinung zu behandeln, sondern auch den Einfluß der psychischen Anlagen, Bedingungen und Gesetzmäßigkeiten in der Natur des Menschen auf die Bildung des Rechts zu erforschen[1] sowie biologische Erkenntnisse als zusätzliche Hilfsmittel der Rechtssoziologie anzuerkennen[2].

Um diese Einflüsse in ihrer Komplexität voll erfassen zu können, muß der Jurist nicht nur Soziologie und Psychologie befragen, sondern muß sich darüber klar werden, daß der Mensch auch ein biologisches Wesen ist und dementsprechend seine Sozialität eine biologische Grundlage hat, die sich auf Entstehen und Fortentwicklung gesellschaftlicher Normen wie auch speziell des Rechts auswirkt.

Bereits im Jahre 1948 hatte Ernst E. Hirsch gefordert, der Jurist möge, um von der Rechtskunde zur Rechtswissenschaft zu gelangen, „sich entschließen, Anthropologie, Biologie, Psychologie, Nationalökonomie und Soziologie als selbstverständliche und unentbehrliche Grundlagen der Forschung am ‚Sozialwesen' Mensch anzuerkennen"[3].

In seiner neuesten Schrift „Zur juristischen Dimension des Gewissens und der Unverletzlichkeit der Gewissensfreiheit des Richters" nimmt er selbst diese Gedanken insoweit auf, als er sich für die Darlegung der Wertgebundenheit des „Gewissens" als Steuermechanismus im menschlichen Interaktionsverhalten auf die Theorie vom „biologischen Gewissen"[4] sowie auf Erkenntnisse der empirisch-biologischen Psychologie und der Humanethologie stützt. Hirsch bezeichnet dieses Vorgehen als den „bio-soziologischen" Zugang; er bezieht sich dabei für die Defini-

---

[1] Rother, Recht und Bewußtsein, S. 24.
[2] Gruter, Die Bedeutung der Verhaltensforschung, S. 21.
[3] Hirsch, Das Recht im sozialen Ordnungsgefüge, S. 76.
[4] Hirsch, Zur juristischen Dimension des Gewissens, S. 55 ff.

tion der „Biosoziologie" auf Rudy[5], wonach diese derjenige Zweig der Soziologie ist, der die Wechselwirkung biologischer Vorgänge und Reaktionen zur sozialen Kollektivität und Umgebung erforscht[6]. Dieselbe Betrachtungsweise des Zusammenwirkens soziologischer und biologischer Faktoren nennt Margaret Gruter[7] im Anschluß an E. O. Wilson[8] den „soziobiologischen" Einblick in das Recht. Sie folgt der Definition Wilsons von „Soziobiologie" als dem systematischen Studium der biologischen Basis aller Formen des Sozialverhaltens in allen Arten von Organismen einschließlich des menschlichen Organismus; Soziobiologie schließt die Ethologie, vergleichende Psychologie, Ökologie und Populationsgenetik ein. Forschung auf diesen Gebieten, so M. Gruter weiter, offenbart bedeutende historische Perspektiven sozialer Strukturen und versucht, allgemeine Richtlinien der Genetik und der Sozialevolution aufzustellen. Sie folgert, daß, wenn diese allgemeinen Gesetze auch auf die soziale Organisation der menschlichen Gesellschaft angewandt werden können, dies von größter Wichtigkeit für Arbeiten auf dem Gebiet des Rechtsverhaltens sein könne[9].

Der Grundgedanke, der in den zitierten Arbeiten von Hirsch, Gruter und Rother zum Ausdruck kommt, nämlich den Natur- und Verhaltenswissenschaften bei der Erforschung der Effektivität des Rechts — eines der zentralen Probleme der Rechtssoziologie[10] — den ihnen gebührenden Rang einzuräumen, zielt letztlich auf eine damit verbundene Effektuierung des Rechts.

Es sind weitreichende und nicht bündig zu beantwortende Fragen, wann Recht seine Wirkung entfaltet und unter welchen Umständen die Rechtsunterworfenen es umgehen oder mißachten[11]. Wenn mit A. E. Ross das Recht „the most specialized and highly finished means of social control" ist, so ist es fundamental, zu wissen, welche Prozesse zur Internalisation normgemäßen Verhaltens[12] beim Einzelnen wie auch in einer sozialen Gruppe ablaufen, bis die Hauptfunktion des Rechts, die Integration in die soziale Organisation der Rechtsgemeinschaft, erreicht ist, sowie ob und welche Konstanten dabei wirksam werden.

---
[5] Rudy, Stichwort „Biosoziologie", in: Bernsdorf, Wörterbuch der Soziologie.
[6] Hirsch, Zur juristischen Dimension des Gewissens, S. 31.
[7] Gruter, The Origins of Legal Behavior, S. 45.
[8] Wilson, Sociobiology: The New Synthesis.
[9] Gruter, The Origins of Legal Behavior, S. 45.
[10] Friedman, Einige Bemerkungen über eine allgemeine Theorie des rechtsrelevanten Verhaltens, in: Jahrbuch f. Rechtssoziologie u. Rechtstheorie 3 (1972), S. 206.
[11] Ebenda.
[12] Rehbinder, Rechtskenntnis, Rechtsbewußtsein und Rechtsethos als Probleme der Rechtspolitik, in: Jb. f. Rechtssoziologie u. Rechtstheorie 3 (1972), S. 44 m. w. N.

Menschliche Disposition äußert sich. Wenn wir Erkenntnisse über mögliche Zusammenhänge zwischen konkretem Rechtsverhalten und natürlichen Bedingungen im Sinne von Abhängigkeiten von biologischen Notwendigkeiten erhalten wollen, müssen wir zunächst fragen, wo sich rechtliche Verhaltensweisen zeigen, die sich in ihrem Kern soweit verallgemeinern lassen, daß es berechtigt erscheint, hinter der äußeren Gestalt einen allgemeinen Wirkungsmechanismus zu vermuten.

Betrachtet man horizontal-rechtsvergleichend die modernen Rechtsordnungen und vertikal die uns noch zugänglichen primitiven Kulturen, so erkennt man unter anderem stets Regelungen betreffend Besitz und Eigentum, daran anknüpfend solche über Verträge (im weitesten Sinn) und Sanktionen für die Verletzung dieser Regelungen.

Soziologisch handelt es sich dabei um offenbar allgemein-menschliche Phänomene, die prinzipiell auftreten, in jeder Gesellschaft sich als Problemfelder darstellen und als solche immer wiederkehrend nach rechtlicher Regelung drängen[13].

Bereits bei höherentwickelten Tieren wie nicht-menschlichen Primaten zeigen sich moralanaloge Achtung von Partnerbeziehungen und rudimentäre Formen des Besitzrechtes[14]. Danach liegt die Vermutung nahe, daß etwa Streben nach und Respekt vor Besitz[15] Motive darstellen, die in phylogenetischen Vorgängen zu verhaltenssteuernden Strukturen geworden sind[16]. Dabei wird davon ausgegangen, daß menschliches Verhalten durch Ergebnisse des Denkens, durch Lernen, durch das genetische Programm (angeborenes Verhalten) oder — wie zumeist — durch eine Verschränkung von Faktoren dieser drei Bereiche bestimmt wird[17].

In jeder Sozietät wird rechtsrelevantes Verhalten an einem Maßstab gemessen, der sich aus gruppeninternen Werturteilen zu Begriffen von Recht und Unrecht verdichtet hat; falls die individuelle Ausrichtung daran von dynamischen cerebralen Mechanismen gesteuert wird, wäre dies der „Gerechtigkeitssinn". Das „Antwortverhalten gegenüber dem Recht" ist dann das Resultat wechselseitiger Beeinflussung angeborener Triebe und des individuell geformten Rechtssinnes, d. h. die Effektivität hängt ebenso wie die des Gerechtigkeitssinnes als Kontrollmechanismus davon ab, wie weit das geforderte Antwortverhalten mit angeborenen Trieben in Widerspruch steht oder ihnen entspricht[18].

---

[13] Vgl. Wickler, Die Biologie der Zehn Gebote, S. 73—74.
[14] Wickler, S. 73—74; Gruter, Die Bedeutung der Verhaltensforschung, S. 78—79.
[15] Gruter, Die Bedeutung der Verhaltensforschung, S. 79.
[16] Lorenz, Die Rückseite des Spiegels, S. 241.
[17] Gruter, Die Bedeutung der Verhaltensforschung, S. 19; Hassenstein, Instinkt, Lernen, Spielen, Einsicht, S. 126.

Als konkrete Bezugspunkte für genetische Programme, nach denen rechtsrelevantes Verhalten gelernt wird, und für den „Gerechtigkeitssinn", der dieses Verhalten im menschlichen Interaktionssystem steuern soll, sollen in der folgenden Untersuchung die als „Werkstätte des Rechts" bekannten sog. Rechtstatsachen dienen, die sich nach Eugen Ehrlich in vier Grundtypen einteilen lassen, nämlich Übung, Herrschaft, Besitz und Willenserklärung[19]. In dem aktuellen Zustand dieser Lebensverhältnisse zeigt sich die Effektivität des Rechts[20].

Dieses Grundkonzept soll hier um die verhaltenswissenschaftliche und biologische Dimension erweitert werden. Diese soll daran mitwirken, aufzuzeigen, daß und warum die auf die Tatsachen des Rechts einwirkenden Sätze des staatlichen Rechts nicht willkürlich aufgestellt werden dürfen, wenn sie die in der Gesellschaft auftretenden Übungen, Herrschafts- und Besitzverhältnisse, Verträge, Satzungen oder letztwilligen Verfügungen in ihrem Sinne gestalten wollen[21]. Zumal der genetische Aspekt der Rechtssoziologie im Vordergrund steht, werden hier die Rechtstatsachen im Sinne Ehrlichs als ein — gleichwohl erweiterbares — Modell für die inhaltlichen Rechtsquellen benutzt.

---

[18] Gruter, Die Bedeutung der Verhaltensforschung, S. 21; dazu kommt, daß es einander entgegengesetzte biologisch bedingte Verhaltenstendenzen (Erobern und Kämpfen, Besitzstreben und Achtung vor Besitz) gibt, die miteinander in Konflikt treten können. Effektuierung des Rechts bedeutet bei derartigen Gegensätzen, die, gemessen an einem begrifflichen Wertsystem, zueinander widersprüchlich sind, mittels verbindlicher und durchsetzbarer sozialer Normen Partei zu ergreifen. Dies gelingt um so eher, wenn diese biologischen Gegebenheiten *erkannt* sind.

[19] Ehrlich, Grundlegung, Kapitel V.

[20] Rehbinder, Die Rechtstatsachenforschung im Schnittpunkt von Rechtssoziologie und soziologischer Jurisprudenz, in: Jb. f. Rechtssoziologie und Rechtstheorie, S. 344.

[21] Rehbinder, Rechtssoziologie, S. 55.

I. Biologische Grundlagen des Rechtsverhaltens

1. Erlerntes Verhalten und genetisches Programm

Die Postulierung „biologischer Faktoren im Rechtsverhalten" des Menschen mag manchem als Provokation erscheinen — auch noch mehr als hundert Jahre nach den bahnbrechenden und zugleich richtungweisenden Arbeiten eines Charles Darwin.

Die Erkenntnisse der Naturwissenschaften darüber, daß der Mensch kein reines Geistwesen ist, vielmehr sein Verhalten auch biologisch mitbedingt wird, haben sich im allgemeinen Bewußtsein seither weitgehend verfestigt; rationales Vermögen zeichnet den Menschen zwar aus, vermag aber sein Verhalten insgesamt nicht zu beherrschen.

Gleichwohl ist dem Selbstverständnis des Menschen unabdingbar immanent, prinzipiell nach seinem freien Willen und in eigener Verantwortung handeln zu können, in entscheidenden Augenblicken also keinem naturbedingten Antriebsdiktat zu unterliegen; jedoch fällt das Handeln nach freiem Entschluß bisweilen nicht leicht, weil es sich nicht nur gegen äußere, sondern auch gegen eigene, innere Widerstände — Antriebe und Bedürfnisse — durchzusetzen hat. Das heißt, daß freier Entschluß und biologisch bedingte Verhaltenstendenzen beim Menschen um die Führung des Verhaltens ringen können. „Je stärker nun irgendwelche biologisch bedingten verhaltensbestimmenden Tendenzen sind, desto eher setzen sie sich beim Einzelmenschen durch und desto weitergehend bestimmen sie auch, wenn sie viele Menschen erfassen, die Verhaltensrichtung des Kollektivs. Dies ist ein Grundgesetz der menschlichen Verhaltenssteuerung[1]."

In Bezug auf das Recht jedoch, dieses auf vielfältige Weise komplizierte und abstrakte Gedankengebilde, möchte man daher die Existenz biologischer Strukturen, die als Konstanten einem Teil des Rechtsverhaltens unterliegen, von vornherein anzweifeln.

„Man ... (versteht jedoch) ... den Menschen nur zum Teil, wenn man ... die biologischen menschlichen Verhaltenstendenzen vernachlässigt, die tatsächlich einen Teil des menschlichen Individual- und Sozialververhaltens steuern. Soziologische und politologische Wissenschaftsrich-

---

[1] Hassenstein, Was Kindern zusteht, S. 172.

tungen, die davon keine Notiz nehmen, behalten weiße Flecken auf ihrer Landkarte[2]." Mit der Einbeziehung der Verhaltensbiologie in die Rechtswissenschaft würde man dann auch dem Menschen gerechter als Denkrichtungen, die ihn als unbegrenzt formbar durch geistige Kräfte ansehen und seine Verwurzelungen im Natürlichen ignorieren. Politische Programme (und als solche kann man auch einen Teil der Gesetzgebung verstehen), die blind für die menschliche *Natur* seien, könnten den Menschen fortwährend überfordern und dadurch sehr unmenschlich werden[3].

Die Ergebnisse der Verhaltensforschung haben zu der Erkenntnis geführt, daß an der Steuerung menschlichen Verhaltens unter anderem folgende Faktoren mitwirken: Einsicht (intellektuell entwickelte Verhaltenstendenzen), Erfahrung (erlernte Verhaltenstendenzen) und das genetische Programm (angeborene Verhaltenstendenzen). In der Regel kombinieren sich diese Faktoren[4].

Zur Begriffsbestimmung angeborenen Verhaltens bezieht sich M. Gruter auf die Erklärung von Konrad Lorenz[5], wonach angeborenes oder instinktives Verhalten solches Verhalten ist, das nicht während der ontogenetischen Entwicklung des Einzelnen erlernt wurde, sondern durch Mutation und Selektion während der Evolution der Spezies in phylogenetischer Adaption entstand.

Aus der Existenz biologisch vorprogrammierten Verhaltens folge, daß man mit einem höheren Grad des Ungehorsams rechnen könne, wenn Rechtssätze eine Verhaltensweise vorschrieben, die mit den angeborenen Trieben in Konflikt stünde. Umgekehrt, wenn Rechtssätze (und das vom Gesetz vorgeschriebene Verhalten) die Funktion der angeborenen Triebe komplementierten, bestehe eine größere Wahrscheinlichkeit, daß diese Rechtssätze von der Mehrzahl befolgt werden[6]. Daraus folgt: Recht könnte in manchen Bereichen effektiver werden, wenn es sich mehr an biologischen Gegebenheiten orientierte.

2. Biologische Gegebenheiten als strukturierende Elemente

Zur Untermauerung dieser These gilt es, in der Natur des Menschen konstante Bedingungen zu finden, die sich auf Rechtsentstehung und Rechtsentwicklung, auf individuelles wie kollektives Rechtsverhalten

---

[2] Hassenstein, Verhaltensbiologie des Kindes, S. 15/16.
[3] Hassenstein, Verhaltensbiologie des Kindes, S. 16.
[4] Gruter, Die Bedeutung der Verhaltensforschung, S. 19; Hassenstein, Instinkt, Lernen, Spielen, Einsicht, S. 126.
[5] Lorenz, Evolution and Modification of Behavior, S. 3.
[6] Gruter, Die Bedeutung der Verhaltensforschung, S. 19.

auswirken und dabei als strukturierende Elemente wirksam werden. Solche universalen Bedingungen könnten genetische Verhaltensprogramme sein, gegründet auf Struktur und Funktion des als Steuerungselement menschlichen Verhaltens fungierenden Gehirns, die hier unter dem weiteren Begriff „biologische Gegebenheiten" zusammengefaßt werden.

Um diese Gegebenheiten freizulegen, müssen zunächst Verhaltensweisen gefunden werden, die sich als institutionelle Elemente in jeder Rechtsordnung ausdrücken. Das Herausgreifen einzelner Rechtsnormen oder eines bestimmten Rechtsverhaltens wäre willkürlich und nicht erfolgversprechend, weil es in erster Linie kulturelle und psychische, im weiteren auch anthropologische, ethnologische und ökologische Bedingungen sind, die zur Regelung konkreter Sachverhalte führen.

II. Die vier Rechtstatsachen von Eugen Ehrlich als Strukturen des Rechts

Wer es so unternimmt, „Recht" als soziale Normenordnung aus seiner dogmatischen Umklammerung zu lösen und es über eine psychologische Erhellung hinaus zu seinen Wurzeln in der biologischen Sphäre menschlichen Seins in Beziehung zu setzen, sieht sich von Anbeginn der Tatsache gegenüber, daß gleichartige soziale Vorgänge durch verschiedene Rechtsordnungen auf zum Teil höchst unterschiedliche Weise geregelt werden. Die substantielle Bestimmung einer Norm bleibt stets, nicht zuletzt wegen deren Organisationsfunktion, relativen und sich wandelnden Wertmaßstäben einer spezifischen Kultur verhaftet; es wird darum allenfalls möglich sein, einzelne Normen einer Rechtsordnung nur im Zusammenhang mit anderen und lediglich mittelbar auf eine biologische Verankerung zurückzuführen. Dazu bieten sich die Rechtstatsachen von Eugen Ehrlich an, wenn man mit ihm davon ausgeht, daß die Tatsachen, an die der menschliche Geist Regeln knüpft, sich auf die vier Grundtypen Übung, Herrschaft, Besitz und Willenserklärung beschränken lassen[1].

Dem Besitz kommt dabei wegen seiner zentralen Stellung im menschlichen Sozialgefüge ein besonderes Gewicht zu, einmal für das Verhältnis der Rechtstatsachen untereinander, dann für die Betrachtung der ihnen eigenen psychologischen Strukturen und schließlich im Zusammenhang mit den biologischen Fundamenten der den Rechtstatsachen zugrundeliegenden Verhaltensweisen.

1. Besitz als soziale Institution

Die Rechtstatsache des Besitzes ist nach Eugen Ehrlich Sachherrschaft als faktische Verfügungsmöglichkeit über wirtschaftlich wertvolle Güter[2]. Für deren sinnvolle Verwertung im Wirtschaftsprozeß kommt es

---

[1] Ehrlich, Grundlegung, Kapitel V.
[2] Ehrlich vernachlässigt hierbei wirtschaftlich wertlose Gegenstände, die aber für ihren Besitzer einen hohen ideellen Wert haben können. Um diese affektive Beziehung zu einer Sache, die zur Besitzbegründung führt und ebenfalls den Schutz der Rechtsordnung fordert, wird das Konzept Ehrlichs im Rahmen der Behandlung der psychischen Ontogenese des Besitzverhaltens (unten II 1 c) erweitert.

1. Besitz als soziale Institution

jedoch entscheidend auf die Ausgestaltung der Besitzverhältnisse an, d. h. zuerst muß sich die Besitzverteilung zu einer rechtlichen Besitzordnung verfestigt haben, die den Schutz des Besitzers gewährleistet[3]. Deshalb lehnt sich die Eigentumsordnung eng an die auf der Besitzordnung beruhende Wirtschaftsverfassung an[4].

Die Verknüpfung der tatsächlichen Sachherrschaft mit einem Ordnungssystem deutet bereits die soziale Dimension des Besitzes an, die aus der Bedingung wechselseitiger Achtung des Einsatzes, des Ablaufs und des Ertrages wirtschaftlicher Prozesse erwächst. Um zu einem umfassenden Begriff zu gelangen, mit dem auch die verschiedensten Erscheinungsformen ein- und desselben Phänomens beschrieben werden können, muß man darüberhinaus den Besitz in einen gesellschaftlichen Sinnzusammenhang stellen, aus dem heraus seine durchgängigen Strukturen deutlich werden.

Dazu muß man sich zunächst von speziellen Definitionen lösen. Anthropologen, Wirtschaftswissenschaftler, Soziologen und Juristen haben ihre eigenen Definitionen aus der Anschauung wie aus theoretischen oder praktischen Überlegungen heraus aufgestellt. Je nach wissenschaftlichem Interesse, das dabei einfließt, ergeben sich unterschiedliche Konzeptionen[5]. Für eine funktionale Analyse des Phänomens Besitz ist es notwendig, spezifische Begriffsbestimmungen beiseite zu schieben und Besitz als soziale Institution zu begreifen; nämlich als ein System von Beziehungen (sozialen Prozessen) verschiedener konkretisierter Verhaltensmuster und sozialer Rollen, die von den allgemeinen Wertvorstellungen einer Gesellschaft geformt sind und die die Menschen zur Befriedigung sozialer Grundbedürfnisse jeweils in festgesetzter, sanktionierter und einheitlicher Weise verwirklichen[6].

---

[3] Vgl. Rother, S. 40.

[4] Rechtssoziologisch betrachtet fallen daher Besitz und Eigentum, jedenfalls in der Regel, zusammen. Ausnahmen wie z. B. Sicherungseigentum, Miet- und Pachtverhältnisse, sollen dabei insoweit außer Betracht bleiben, als dafür ein gesonderter Eigentumsbegriff sinnvoll wäre. Mit dem Begriff „Eigentum" bezeichnet Ehrlich daher auch nur die Gesamtheit der Rechtsmittel, die dem Nichtbesitzer zur Erlangung des Eigenbesitzes zur Verfügung stehen (Grundlegung, S. 83). Wegen derselben zugrundeliegenden Faktizität werden Besitz und Eigentum im folgenden trotz ihrer unterschiedlichen Rechtsqualität nicht gesondert behandelt.

[5] Hallowell, The Nature and Function of Property as a Social Institution, in: Culture and Experience, S. 235 f.

[6] Hallowell, S. 238; Rehbinder, Rechtssoziologie, S. 92; Fichter, Grundbegriffe der Soziologie, S. 151; Mühlmann, Stichwort „Institution", in: Bernsdorf, Wörterbuch der Soziologie.

a) Die Strukturen des Besitzes

Für eine Untersuchung des Besitzes als soziale Institution unterscheidet Hallowell[7] vier Variablen: Rechtsnatur und Erscheinungsform von Rechten und Pflichten[8], die beteiligten Parteien[9], die Besitzobjekte[10] und die gesellschaftliche Sanktionierung[11]. Die sozialen Grundbedürfnisse, die sich in erster Linie in einer Klassifizierung von Besitzobjekten, aber auch in der Skala entsprechender Sanktionen ausdrücken, bilden im Rahmen dieser Überlegungen den Schwerpunkt, weil nur über sie zu strukturellen Bedürfnissen und so zu biologischen Gegebenheiten gefunden werden kann. Sie sollen deshalb unten[12] gesondert in anthropologisch-kulturhistorischen und psychologischen Zusammenhängen behandelt werden.

aa) Die Rechtsnatur des Besitzes

Das Recht zum Besitz in Form einer unbeschränkten Herrschaft über eine Sache gibt es nicht. Der Ausschlußfunktion dieses Rechts stehen immer Beschränkungen durch die Sozialordnung, die sie gewährt, gegenüber. Auf Haftungsvorschriften wie §§ 836, 837 BGB, auf Enteignungsrechte und Bestimmungen über den Heimfall an den Staat soll hier nur hingewiesen werden[13].

Ein vollständiges Ausnutzen der Sachherrschaft wird dadurch verhindert, daß dem Menschen durch Erziehung, Belehrung und eigene Erfahrung die Grenze zwischen zulässigem Gebrauch und unzulässigem Mißbrauch seiner Verfügungsmacht aufgezeigt wird. Diese beruht aber auf den besonderen Vorstellungen über die zureichenden Rechtfertigungsgründe für die Macht- und Güterverteilung in der jeweiligen Sozietät[14].

Die soziale Tatsache des Fehlens absoluter Kontrolle über Besitzobjekte unterstreicht die Eingebundenheit von Besitz in ein soziales System und damit die Zuordnung zu den darin herrschenden Wertvorstellungen[15]. Gleichwohl darf dies nicht mit der Unterscheidung

---

[7] Hallowell, S. 239.
[8] Ebenda.
[9] Hallowell, S. 241.
[10] Hallowell, S. 242.
[11] Hallowell, S. 244.
[12] II. 1. b), c).
[13] Art. 14 I 2 GG: „Inhalt und Schranken werden durch die Gesetze bestimmt"; Bezug auf das Allgemeinwohl Art. 14 II GG; Art. 15 GG: Möglichkeit der Vergesellschaftung; weitere Beschränkungen: keine Störung der öffentlichen Sicherheit und Ordnung, Verhütung von Umweltschäden, Sozialbindung von Wohnraum.
[14] Hirsch, Recht und Macht, S. 246.
[15] Hallowell, S. 240.

„relativer" und „absoluter" Rechte verwechselt werden. Gerade die „absoluten", d. h. gegenüber jedermann wirkenden Rechte sind von der Anerkennung durch die Allgemeinheit abhängig. „A man without social relations is a man without property[16]." Was hinter diesen Rechten steht, ist der gewährte Anspruch[17]. Weiterhin umfaßt der Besitz in allen Gesellschaften ein „Bündel von Rechten" sehr unterschiedlicher Natur, in welcher Weise etwa mit einer Sache verfahren werden kann, darf oder soll, ob eine Sache nur benutzt oder auch zerstört werden darf[18]. Diese gleichzeitigen Beschränkungen von Rechten durch daran geknüpfte Pflichten variieren je nach der kulturellen Verschiedenartigkeit der geregelten Objekte und der gesellschaftlichen Bedürfnisse[19].

bb) Die beteiligten Parteien

Deshalb können Rechte und Pflichten nicht von den jeweiligen Rechtsträgern und Verpflichteten getrennt werden, deren direkte oder indirekte Beziehungen sich auch nach der Natur des Objektes richten. Demzufolge sieht Noyes[20] Besitz als „any protected right or bundle of rights (interest or ‚thing') with direct or indirect regard to any external object (i. e. other than the person himself) which is material or quasi-material (i. e. a protected process) and which the then and there organization of society permits to be made the object of that form of control either private or public, which is connected by the legal concepts of occupying, possessing, or using". Um auch unkörperliche Gegenstände wie Forderungen oder Urheberrechte erfassen zu können, führt Noyes einen zwischen Person und Objekt liegenden „Fonds" ein, den er bezeichnet als: „A legally segregated organic grouping of property interests to which persons are attached by means of offices — that is, places or *roles* (Hervorhebung im Original) existing apart from the persons — which are occupied independently of their relations of other such grouping[21]." (Siehe Abbildung unten.)

Jedem Anspruch auf ein materielles oder quasi-materielles Recht entsprechen eine oder auch mehrere Verpflichtungen. Dieses Grundschema ist dahin zu erweitern, daß dem einzelnen Rechtsträger auch andere Personen gegenüberstehen können, die das gleiche oder ein ähnliches Recht in der Hand halten. Ferner können diese Rechte gegen

---

[16] Goody, Death, Property and the Ancestors, S. 287.
[17] Rehfeldt / Rehbinder, Einführung in die Rechtswissenschaft, S. 91, 95, 98.
[18] Art. 14 II 1 GG: „Eigentum verpflichtet"; § 92 BGB: verbrauchbare Sachen, „deren bestimmungsmäßiger Gebrauch in dem Verbrauch oder in der Veräußerung besteht".
[19] Vgl. Rother, S. 40.
[20] Noyes, The Institution of Property, S. 436.
[21] Noyes, S. 469.

Einzelne oder gegen die Allgemeinheit wirken; die beteiligten Parteien bewegen sich also in einem dichten Netz verwobener Interessen und Ansprüche.

Die Besitzbeziehung

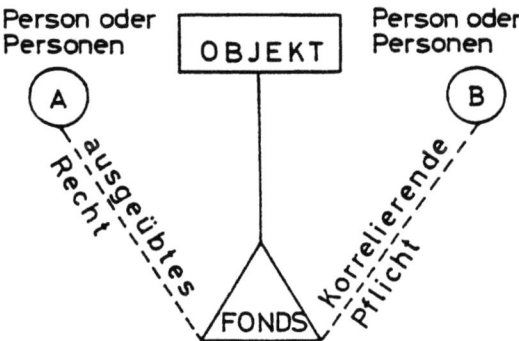

Aus: Goody, S. 288.

cc) Der Bezug auf die Besitzobjekte

Wenn Besitz als soziale Institution normierte Beziehung ist, erübrigt sich eine tiefgründige Unterscheidung nach körperlichen und unkörperlichen Objekten. Vielmehr können Rechte in Beziehung auf jedes materiell oder ideell zu erfassende Gut ausgeübt werden, sofern die Gesellschaft sie nach ihren Wertvorstellungen gewährt[22].

Die Besitzobjekte, auf die sich Ansprüche beziehen können, werden sich von Gesellschaft zu Gesellschaft unterscheiden, im Einzelnen ganz oder teilweise decken oder sich nur vereinzelt finden, so daß man danach keine exakte Trennung in Kategorien vornehmen könnte. Aber anstatt solche kulturellen Unterschiede als Funktion der sozialen Entwicklungsstufe in einzelnen Gesellschaftsintegraten zu sehen, dürfte es

---

[22] Wenn eine Leiche grundsätzlich nicht Objekt eines Diebstahls nach § 242 StGB sein kann, da an ihr kein Eigentum begründet werden kann (vgl. Schönke / Schröder, StGB, § 242 II 3 c), so zeigen doch die Ausnahmen, wie etwa eine rechtsgeschäftliche Übertragung an die Anatomie einer Universität, daß es sich um „Ansprüche" handelt, die aus ethischen Wertvorstellungen negiert werden können, doch auch in diesem Bereich relativer Flexibilität unterliegen (vgl. RGSt 64, 313). Der Rechtsprechung bleibt es beispielsweise überlassen, welchen „sonstigen Rechten" in § 823 I BGB unter dem Gesichtspunkt der Schutzwürdigkeit derselbe rechtliche Charakter wie Leben, Gesundheit, Freiheit und Eigentum zuerkannt wird. Die Gleichstellung von Besitz beispielsweise mit dem Recht am eingerichteten und ausgeübten Gewerbebetrieb und dem Persönlichkeitsrecht verdeutlicht die Natur des Besitzes als soziales Beziehungssystem mit Anschlußfunktion (Palandt, BGB, § 823, 6 g).

richtiger sein, nach den Bedingungen zu forschen, die zu einer Klassifizierung als Besitzobjekte führen[23].

dd) Die gesellschaftliche Sanktionierung

Besitz als Zusammenspiel von Rechten und Pflichten umfaßt auch die spezifische soziale Sanktionierung, die ein entsprechendes Verhalten sichern soll. Natur und Wirkungsweise dieser Sanktionen sind für den dynamischen Aspekt dieser Sanktionen von grundlegender Bedeutung. Positive Sanktionen haben zum Ziel, die Verhaltensmuster der Einzelnen mit den wirtschaftlichen Prozessen der Herstellung, Verteilung und des Verbrauchs von Gütern und mit den Wertvorstellungen, die an Besitz und Eigentum geknüpft werden, zu integrieren. Negative Sanktionen verpflichten zu Wiederherstellung und Schadensersatz und bedrohen den, der sich über Rechte anderer hinwegsetzt, mit Strafen. Positive wie negative Sanktionen sollen den Einzelnen dazu anleiten, seine Rolle innerhalb der Besitzbeziehungen zu spielen[24].

Die einzelnen Sanktionen sind wiederum von den Wertvorstellungen einer Gesellschaft und ihrer Struktur abhängig und wandeln sich mit diesen; prinzipiell aber findet man sie in jedem System, und in Kulturen ohne spezifischen Rechtsstab werden sie lediglich durch andere, außerrechtliche Normen gesetzt.

ee) Sanktionen im Verhältnis von Besitz und Recht

Im westlichen Besitzdenken hingegen sind Besitz und Recht aufs engste miteinander verbunden. In der Rechtstheorie von Hobbes[25], Montesquieu[26] und Jeremy Bentham[27] sind sie historisch untrennbar, d. h. Besitz findet seinen Ursprung und seine Gestalt im staatlichen Recht.

Angesichts der Existenz vieler nicht in einem staatlichen Sinne politisch organisierten Gesellschaften, in denen aber vergleichbare Ansprüche und Pflichten die Beziehungen zwischen den Individuen und zu wertvollen Gütern regeln, kann diese theoretische Verbindung von Staat und Besitz deshalb nur besagen, daß in solchen Gesellschaften Besitzansprüche nicht *rechtlich* gestaltet bzw. geschützt sind[28]; insofern

---

[23] Hallowell, S. 244.
[24] Ebenda.
[25] Hobbes, Leviathan, Pt. II, Chap. 18 — „Hobbes ‚Leviathan'", Oxford University Press, S. 137, reprinted 1958.
[26] Montesquieu, Spirit of Law, tr. by Thomas Nugent, 5th ed. 1773, Vol. II, Book XXVI, Chap. 14 (S. 240).
[27] Bentham, The Theory of Legislation, S. 112.
[28] Vgl. Radcliffe-Brown, der die Definition von Recht von Roscoe Pound übernimmt: „Social control through the systematic application of the force

sind rechtliche Sanktionen nur Funktion einer bestimmten sozialen Organisationsform. Daneben sind aber auch in politisch organisierten Staaten Besitzrechte weiteren als nur rein rechtlichen Sanktionen unterworfen[29]. Die tatsächliche Existenz von Besitz als soziale Institution aller menschlichen Gesellschaften wird davon nicht berührt.

Einer Klarstellung bedarf somit auch die Behauptung Benthams: „Property and law are born together and die together. Before laws were made, there was no property; take away laws, and property ceases[30]." Kurz davor[31] nämlich führt er aus: „If we suppose the least agreement among savages to respect the acquisitions of each other, we see the introduction of a principle to which no name can be given but law." Dies aber ist nichts anderes als soziale Ordnung im hier verwandten Sinne. Ein solches Prinzip finden wir allerdings in jeder menschlichen Gemeinschaft. Man könnte daher Bentham umformulieren: „Besitz und Gesellschaft sind zusammen geboren[32]."

b) Besitzstreben und Sicherheitsbedürfnis in anthropologisch-kulturhistorischem Zusammenhang

Der „Vormensch" griff in seiner wilden Umgebung adaptiv zu dem, was er an Nahrung und Kleidung, später an Gegenständen, die er als Waffen und Werkzeuge benutzen konnte, zu seinem Überleben benötigte. Diese unmittelbaren Lebensgrundlagen mußten zuallererst abgesichert werden. Ständige Wachsamkeit und Verteidigungbereitschaft aber sind für ein Individuum kräftezehrend und unproduktiv[33]. Zum Überleben in einer Gruppe wurde deshalb ein Mindestmaß an gegenseitiger Achtung auf der Grundlage eines gewissen Vertrauens eingehalten. Dem für das universelle Menschsein tragenden Gesetz der Entlastung[34] kommt besonders im Recht eine überragende Bedeutung zu. Neben der Erleichterung seines Lebens[35] und der Vorausberechenbarkeit dessen, was er von der Gesellschaft zu erwarten hat, seien es Güter, Leistungen oder Sanktionen, kommt darin aber auch ein Streben des Menschen nach Erfüllung seiner Erwartungen und der Respekt vor seinen Bedürfnissen zum Ausdruck.

---

of politically organized society" in Encyclopedia of the Social Sciences, IX (1933).

[29] Hallowell, S. 245, Anm. 52.
[30] Bentham, S. 113.
[31] Bentham, S. 112.
[32] Hallowell, S. 245.
[33] Gruter, Die Bedeutung der Verhaltensforschung, S. 79.
[34] Lampe, Rechtsanthropologie, S. 308.
[35] Luhmann: „Lob der Routine."

1. Besitz als soziale Institution

Dieser Vertrauensgrundsatz ist als durchgängige anthropologische Struktur in jeder modernen Rechtsordnung zu erkennen[36]. Es sei hier nur an die überragende Bedeutung des § 242 BGB als ein Ausdruck dieses Prinzips erinnert[37].

Bestand keine Beziehung zu einem Objekt, war also eine Sache „herrenlos", so diente als *ein* möglicher Anknüpfungspunkt für den Regelungszustand das Faktum des „Zuerst-da-Gewesenseins"[38]. Waren am Besitzerwerb mehrere beteiligt, etwa bei der Jagd, so mußte voraussehbar sein, wie die Beute aufgeteilt werden sollte. Dazu war ein „Vertragen" notwendig, denn der Einzelne leistete seinen Beitrag unter der Voraussetzung, daß er am Erfolg partizipierte, daß ihm „das Seine" zugestanden wurde. Hoebel[39] schreibt von den australischen Ureinwohnern: „Personal quarrels stem mostly from charges of adultery, theft from trees, marked as personal property or from a man's hut in his absence, or from the appropriation of a wounded emu or kangaroo which was first struck by another hunter and which still bears his imbedded spear."

Die Verletzung der Beziehung zu markierten Objekten, die für den Einzelnen Grundlage seiner Existenz sind, nämlich Wohnung, Nahrung und in diesem Sinne auch Frauen, erweist sich als Eingriff in die eigene Persönlichkeit, als „Persönlichkeitsverletzung"[40]. Dem entspricht auch

---

[36] Lampe, S. 313 m. w. N.
[37] Zur Ausgestaltung des Vertrauensgrundsatzes im BGB, Lampe, S. 313 bis 318. Das Verbot rückwirkender Belastung durch staatliche Gesetze im Verfassungsrecht, Lampe, S. 320, das Erfordernis der Rechtmäßigkeit des Verwaltungshandelns, Lampe, S. 319, der Bestandsschutz für das Eigentum, vgl. etwa BVerwG NJW 76, S. 765, konkretisieren Vertrauen als Rechtsprinzip im öffentlichen Recht. Und zumal für das Strafrecht, in dem Belastungen für den Einzelnen besonders empfindlich sein können, macht das Verbot rückwirkender Strafbarkeit in Art. 103 II GG deutlich, daß der Staatsbürger darauf vertrauen darf, nicht für etwas bestraft werden zu können, was zum Zeitpunkt einer Tat nicht unter Strafe gestellt war. Weiter ist Vertrauen im StGB Schutzgut so zentraler Delikte wie des Betruges, der Untreue und der Unterschlagung, Lampe, S. 320.
[38] Vgl. §§ 903 f. BGB; Aneignung, § 958 BGB.
[39] Hoebel, The Law of Primitive Man, S. 302.
[40] Gibbs, The Kpelle of Liberia, in: Peoples of Africa, S. 107 ff. „Most of the cases that come before a Kpelle court involve disputes over women. Other types of cases heard include simple assault, theft, breach of contract, possession of illegal charms, and damage to crops by lifestock"; „Kpelle culture has two conflicting dominant themes. The first is a stress on personal autonomy and the second an individual achievement of status"; an anderer Stelle (Law and Personality: Supports for a New Direction, in: Nader [Hrsg.], Law in Culture and Society, S. 194) führt er aus, daß der Status eines Mannes in hohem Maße von dem wirtschaftlichen Beitrag, den seine Frau zu leisten imstande ist, abhängt: „Thus, when one man acts to seduce another man's wife, he is attacking not only that man's *selfidentity* as a sexually and conjugally adequate person, but also his means to high status and therefore his psychic security. In short, Kpelle men use actions towards women not only

das Beispiel der Cheyennes: „The Law of Persons is still by far the bulkiest part of such law as exists, for property interests are not yet diversified enough to give rise to many clashing claims as to economic rights[41]."

Hier vermischt sich das Bestreben, die materielle Lebensgrundlage durch den Erwerb von Objekten zu schaffen, mit dem Bedürfnis, diese abzusichern; beide Merkmale sind mit dem eigenen Existenzanspruch, der als originärer Ansatzpunkt für die „Behauptung" von Besitz dient, unmittelbar verflochten.

Auf einer primitiven Entwicklungsstufe sind die Besitzobjekte noch sehr begrenzt und im wesentlichen auf den persönlichen Bedarf des Einzelnen beschränkt. Davon abgehoben aber repräsentieren sie in der Hand des Besitzers auch dessen Status und Rang und erzeugen so in der Beziehung zu anderen Individuen soziale Macht. Daran wird deutlich, daß sich das affektive Element bei der Besitzkonstituierung gleichermaßen auf materiell wie auch ideell wertvolle Objekte bezieht.

Soziale Macht in irgendeiner Form hat jeder Mensch bereits durch seine Existenz, und sein natürliches Bestreben nach Beziehungen, die in irgendeiner Weise seine Lebensgrundlage garantieren, ist bei der Verteilung von (Rechts-) Macht grundsätzlich in Rechnung zu stellen[42].

Dem Streben nach Besitz ist so die Erlangung und Erweiterung der damit verbundenen Interessensphäre eines Individuums oder einer Gruppe zugeordnet. Machterhaltung und Machtmehrung in diesem Sinne bedingen wegen ihrer Richtung auf andere — gleichartige wie abweichende — individuelle oder Gruppeninteressen die Errichtung einer Ordnung, in der alle Bestrebungen innerhalb einer Gruppe aufeinander abgestimmt werden können.

In dieser zu einer rechtlichen Besitzordnung verfestigten Besitz- und Machtverteilung[43] spiegeln sich insofern auch die Machtverhältnisse als Rechtspositionen wider.

Diese Rechtspositionen wiederum prägen die sozialen Beziehungen, durch die die entsprechenden Verhaltensmuster und Rollen (z. B. Mitbesitzer, unmittelbarer — mittelbarer Besitzer, die Partner einer Besitzübertragung) der Beteiligten einer Besitzbeziehung verbunden sind.

---

as a means of asserting power over women but also as a *way of communicating* their negative feelings and *power needs* towards their fellow males" (Hervorhebungen vom Verfasser).

[41] Hoebel, S. 311.

[42] Hirsch, Macht und Recht, in: Das Recht im sozialen Ordnungsgefüge, S. 244; zur Besitzerlangung und -erhaltung ist „Macht" erforderlich, seine begründete Faktizität wiederum erzeugt Macht.

[43] Siehe S. 18/19.

Ebenso ist die abstrakte Beziehung zwischen Besitzer und Nichtbesitzer, deren Erwartungen prinzipiell einerseits auf Respekt vor Besitz, andererseits auf systemkonformes Umgehen mit Besitz, gerichtet sind, von der formalisierten Rechtsordnung gegliedert. Erlangung, Erhaltung und Vermehrung umschreiben den statischen wie den dynamischen Aspekt allen Strebens nach Besitz, dessen latent wirksames dynamisches Element auf die Veränderung festgeschriebener Rechtspositionen abzielt.

Dieser Kreislauf, ausgehend von dem Streben nach Erlangung und Vermehrung von Besitz, das nach rechtlichem Schutz drängt oder auch rechtlichen Schutz zu verdrängen sucht[44], wirkt als eine wesentliche Struktur jeder Besitzordnung.

Die Dynamik des Besitzstrebens, die eine Entwicklung und Erweiterung von Normen hervorruft, entfaltet sich augenfällig erst, als mit dem Aufkommen von Ackerbau und Viehzucht der Besitz von Grund und Boden in den Mittelpunkt des Lebensinteresses rückt.

Das in der Folge durch planvolles Wirtschaften ermöglichte Anwachsen der einzelnen Gruppen und deren räumliches Zusammenrücken machen neue und mehr Regelungen des Zusammenlebens erforderlich[45].

Damit wird auch der Zugang zu materiellen Gütern mittelbarer, wodurch sich die Wahrscheinlichkeit einer ungleichmäßigen Verteilung erhöht; die daraus entstehenden Kämpfe der Mitglieder und einzelner Gruppen untereinander lassen fortschreitend soziale Kontrollmechanismen notwendig werden. Der Zuweisung von Rechten, Pflichten und Privilegien hinsichtlich der Verfügungsmacht über Grund und Boden kommt für den Einzelnen wie für die Familie erstrangige Bedeutung zu[46]. Zwar bleibt die Familie als solche durch diese Entwicklung unberührt, sie bildet aber jetzt nur noch einen Teil einer übergreifenden Gemeinschaft[47]. Natürlich strebten die einzelnen Familien danach, innerhalb des Clans ihre eigene Stellung zu festigen und ihren Einfluß auszudehnen. Der Kampf um die (Rechts-) Macht drehte sich auf dieser Entwicklungsstufe immer wieder vornehmlich darum, das nie versiegende Sippenbewußtsein den Interessen der Stammesgemeinschaft und damit quasi-öffentlichem Recht unterzuordnen[48].

---

[44] „Besitzstandswahrung".
[45] Hoebel, S. 316; die Gesellschaften können sich nun soweit ausdehnen, daß auch die Kontrolle durch die persönlichen Beziehungen aller Mitglieder der Sozietät untereinander wie noch in den abgeschlossenen Kleingruppen (face-to-face-groups) nicht mehr möglich ist.
[46] Hoebel, S. 316.
[47] Hoebel, S. 317.
[48] Hoebel, S. 322.

Mit wachsendem Interesse an persönlichem Besitz, das von der Vermehrung materieller Kulturelemente[49] ausgelöst wird, beginnt Sachenrecht mit personalem Recht zu rivalisieren[50].

Innerhalb der sachenrechtlichen Beziehungen vollzieht sich in der Folge die Trennung von beweglichen und unbeweglichen Gütern mit ganz unterschiedlichen Regelungen für die einzelnen Besitzkategorien, was deren Erwerb bzw. deren Veräußerung und insbesondere deren Vererblichkeit anbelangt[51]. Dieser Unterscheidung zwischen beweglichen und unbeweglichen Besitzgütern, die als Elemente der Dauerhaftigkeit existentielle und entlastende Bedeutung haben[52], liegt diejenige zwischen Land und anderen materiellen Objekten zugrunde.

In erster Linie rührt das Interesse an Grundeigentum von dessen Bedeutung als räumlicher Bezugspunkt, d. h. als Wohngebiet und Klammer einer politischen Einheit. Darüber hinaus kann in seßhaft gewordenen Gesellschaften eine konstituierende Rangordnung von Interessen und Werten ungleich leichter auf Land aufgebaut werden als auf andere Besitzobjekte, die einfacher zu verteilen sind und damit nicht dasselbe Maß an Sicherheit und Dauerhaftigkeit bieten.

Bei nomadisierenden Völkern hat Grundbesitz eine untergeordnete Bedeutung, in überwiegend agrarisch strukturierten Gesellschaften ist er der wesentliche Wirtschaftsfaktor[53]. In der weiteren Entwicklung wandelt sich die Bedeutung von Boden als Versorgungsgrundlage der Bevölkerung zum wichtigsten Faktor für die allmählich einsetzende Industrialisierung bis hin zum Industriestaat moderner Prägung[54]. Vom Bauernstand abgesehen verliert Land für die überwiegende Zahl der Bürger seine unmittelbare wirtschaftliche Funktion als Existenzgrundlage; parallel dazu entstehen neue Formen des Eigentums wie Bruchteilseigentum an überbauten Grundstücken[55], und schuldrechtliche (per-

---

[49] Fichter, S. 166 f.
[50] Hoebel, S. 316.
[51] Die Beziehungen zu Grund und Boden sind so bedeutend, daß nach wie vor in vielen nichteuropäischen Ländern Grundeigentum zwar vererbt, nicht aber veräußert werden kann und diese Beschränkung durch starke religiöse Glaubensüberzeugungen abgesichert wird. In westlichen Gesellschaften finden sich heute noch erhebliche Unterschiede bei der Übertragung und Erlangung eines dinglichen Anspruches an einem Grundstück im Vergleich zu anderen Objekten, bei denen in einigen Fällen der bloße Besitz als Nachweis des Eigentumsrechtes ausreicht (Goody, S. 297 f.); gutgläubiger Erwerb nach § 932 BGB, Eigentumsvermutung für den Besitzer gem. § 1006 BGB; im Gegensatz dazu starre Vorschriften über Rechte an Grundstücken, §§ 873—902 BGB.
[52] Goody, S. 295 f.
[53] Goody, S. 298.
[54] Z. B. als Träger von Bodenschätzen und Standort für Industrieansiedlungen.
[55] Vgl. § 1 I, II WEG; § 12 WEG — Veräußerungsbeschränkung; § 30 WEG Wohnungsbaurecht; §§ 31 f. WEG Dauerwohnrecht.

sonenrechtliche) Beziehungen — wie Miete oder Pacht — treten verstärkt in den Vordergrund.

Das Element der dauerhaften räumlichen Beziehung wird dadurch, verbunden mit einer erhöhten Mobilität des Einzelnen, entscheidend relativiert. Im Zusammenhang damit ist durch spezifische Erscheinungsformen einer für den Einzelnen kaum noch überschaubaren Großgesellschaft (Verlust persönlicher Bindungen, wie sie in der Großfamilie noch bestanden; Anonymität, Bürokratie, Arbeitsentfremdung) die räumlich-personale Sicherheit bereits teilweise aufgehoben. Das nach wie vor existente Bedürfnis danach äußert sich folgerichtig in an die Gesellschaft gerichteten Ansprüchen nach „Teilhabe" und „Daseinsvorsorge" und wird in immer neuen Formen „subjektiver" (dinglicher) Rechte gewährt. Danach bleibt es für die strukturierende Qualität des Sicherheitsbedürfnisses unerheblich, auf welche Objekte sie sich beziehen. Entscheidend ist letztlich, daß beide Elemente auf die rechtliche Ordnung jeder Gesellschaft nachhaltigen Einfluß ausüben, weil sie zu ihrer Umsetzung in die gesellschaftliche Realität eben dieses Schutzes bedürfen. Die Rechtsordnung bestimmt die Reichweite dieses Schutzes, soweit sie die Objekte dieses Strebens „anerkennt". Anerkennung durch die Allgemeinheit bedeutet aber noch nicht Respekt seitens jedes Individuums vor fremdem Besitz, da sich wegen der Verschiedenartigkeit der Menschen ein Konsensus immer nur graduell herbeiführen läßt. Das bloße Geltendmachen von Ansprüchen und Rechten allein garantiert noch nicht deren Durchsetzbarkeit[56].

Möglichen Sanktionen einer jeweiligen Rechtsordnung steht dabei das individuelle Besitzverhalten gegenüber, das durch die Art und Intensität psychischer Zuwendung — der Affektivität — bestimmt ist. Diese wiederum setzt sich zusammen aus der persönlichen Interessenlage des Einzelnen und seiner Fähigkeit, sein Handeln nach internalisierten Wertvorstellungen auszurichten.

c) Die psychische Ontogenese des Besitzverhaltens

aa) Herrschaft als notwendige soziale Erfahrung

Die Grundlagen individuellen Besitzverhaltens, das die Übernahme und die Verwirklichung entsprechender Verhaltensmuster und Rollen umfaßt, werden bereits in frühester Kindheit geschaffen.

Die ersten sozialen Erfahrungen des Säuglings sind, daß auf sein Schreien hin die Mutter seine Bedürfnisse nach Nahrung und Zuwen-

---

[56] Vgl. Krüger, Der Adressat des Rechtsgesetzes, S. 111: „Weder die Kenntnis der Norm noch die Einsicht in ihre theoretisch einwandfreie Geltung vermag gesetzeskonformes Verhalten zu garantieren."

dung stillt. Seine „Ansprüche" begründet das Kind zunächst durch seine bloße Existenz[57]; es kann solche zwar noch nicht selbst durchsetzen, wohl aber artikulieren. Aus der Abfolge von „Forderung" und Befriedigung bzw. deren Versagung erfährt es eine erste Regelhaftigkeit, die von diesen Ansätzen immer weiter ausgebaut wird durch „positive" und „negative" Erfahrungen, wobei sich die Wertung aus der jeweiligen Empfindung formt.

Sobald ein Kind entwicklungsmäßig dazu in der Lage ist, Ge- und Verbote als solche aufzufassen, werden Autorität und Gehorsam zu leitenden Elementen der Erziehung. Ohne Gehorsam in dem Sinne, sprachlichen Befehlen und Verboten zu folgen, kommt zumindest in ihrem Beginn keine Erziehung aus[58].

Ein Kind fühlt sich nicht unterdrückt oder geknebelt, sofern es sich um *echten* Gehorsam handelt, es sich nicht zu einem Tun oder Unterlassen gezwungen fühlt[59].

Echten Gehorsam leistet ein Kind, wenn es, soweit seine intellektuellen Fähigkeiten dies zulassen, die Absicht des Anordnenden „übernimmt" und sie zur eigenen macht, aus dem Vertrauen heraus, daß das, was der Mächtigere verlangt, notwendig, sinnvoll und gut ist und keiner Willkür, keinem selbstherrlichen Belieben entspringt[60].

Der *unechte* oder Scheingehorsam dagegen entspringt entweder aus der Angst vor den Gegenmaßnahmen, den körperlichen oder seelischen Mißhandlungen durch den Mächtigeren oder aus Schlauheit, die ihn zur Gewährung von Vergünstigungen zu veranlassen sucht[61]. Unabhängig davon, ob echter oder Scheingehorsam gegenüber sachlich begründeter oder auf Willkür beruhender Autorität geleistet wird, erhält ein Kind schon früh ein Gefühl für Über- und Unterordnung in seinem sozialen Umfeld und erlebt in den „Auseinandersetzungen" während des „Trotzalters", wenn es dem Drang gehorcht, seinen Handlungsspielraum neu auszuloten[62], so etwas wie „schwächer" und „stärker". Diese grund-

---

[57] Siehe oben, S. 26.
[58] Metzger, Psychologie in der Erziehung, S. 66; man könne mit einem zweijährigen Kind nicht darüber verhandeln, ob es den Gashahn aufdrehen, auf das Fenstersims klettern oder beliebig über eine dicht befahrene Verkehrsstraße laufen darf. Man werde sich nicht einmal damit aufhalten, ihm zu erklären, warum es das alles nicht dürfe, sondern es ihm schlicht verbieten und wenn nötig, es kurzerhand daran hindern.
[59] Ebenda.
[60] Metzger, S. 67.
[61] Ebenda; in entsprechender Weise wird Autorität ausgeübt und empfunden entweder als willkürliche Anordnungsmacht oder aber als auf überlegene Fähigkeiten gegründetes Recht, zu bestimmen, was geschieht, Metzger, S. 62/63.
[62] Hassenstein, Verhaltensbiologie des Kindes, S. 369.

legenden Erfahrungen macht jeder Mensch unabhängig davon, mit welchen Gefühlswerten, die sich aus seinen individuellen Lebensumständen ergeben, sie von ihm belegt werden.

Die Rechtstatsache der Herrschaft, die Einteilung in Herrschende und Unterworfene in einer Gruppe, kann deshalb hier auf dieses universelle Grundmuster reduziert werden, um daran die überragende Bedeutung dieser Erfahrungen für die Entwicklung des Besitz- und Sozialverhaltens insgesamt aufzuzeigen.

Kindlicher Gehorsam wird am ehesten denjenigen Erwachsenen entgegengebracht, von denen das Kind direkt abhängig ist[63]. Meist schon sehr frühzeitig erkennen Kinder selbst ihre untergeordnete Stellung und ihre Abhängigkeit von Eltern und anderen Erwachsenen. In einer Studie von Youniss[64] sahen Kinder zwischen 6 und 13 Jahren Gehorsam als bestimmendes Element in Kind-Erwachsener-Beziehungen an. Im einzelnen sagten die jüngeren Kinder, daß in Kind-Erwachsener-Beziehungen Gehorsam, der auf Verlangen geleistet wird, eine Rolle spielt: „doing what your father tells you to do when he wants you to do it." Die älteren Kinder dagegen sprachen mehr von freiwilligem Gehorsam. Auch bei der Schilderung der jüngeren Kinder kann es sich dabei um eigentlich echten Gehorsam handeln, da die Vermutung naheliegt, daß aufgrund genereller Autorität nicht bei jeder Gehorsamsforderung nach der sachlichen Begründung geforscht wird, daß aber mit wachsender Einsichtsfähigkeit über die, wenn auch respektierte, Autoritätsperson hinaus der sachliche Grund für ein Ge- oder Verbot bestimmend wird[65].

---

[63] Damon, The Social World of the Child, S. 167.

[64] Youniss, unveröffentl. Manuskript, zitiert bei Damon, S. 168.

[65] Die untergeordnete Stellung des Kindes und die sie begleitende „autoritätsgehorchende Perspektive" wird von Moralphilosophen und Entwicklungspsychologen, die sich mit der Entwicklung des moralischen Urteilsvermögens bei Kindern („morality of authority") beschäftigen, ganz ähnlich beschrieben: „It is characteristic of the child's situation that he is not in a position to assess the validity of the precepts and injunctions addressed to him by those in authority, in this case his parents. He lacks both the knowledge and the understanding on the basis of which their guidance can be challenged. Indeed, the child lacks the concept of justification altogether, this being acquired much later. Therefore he cannot with reason doubt the propriety of parental injunctions" (Rawls, A Theory of Justice, S. 463); „Childhood egocentrism, far from being asocial, always goes hand in hand with adult constraint. Indeed, it is because the child cannot establish a genuinely mutual contact with the adult that he remains shut up in his own ego ... With regards to moral rules, the child submits more or less completely in intention to the rules laid down for him, but these (remain), as it were, external to the subject's conscience" (Piaget, The Moral Judgement of the Child, S. 61 f.); „Stage 1: The punishment and obedience orientation. The physical consequences of an action determine its goodness or badness regardless the human meaning or value of these consequences. Avoidance of punishment and unquestioning deference to power are valued in their own right" (Kohl-

Das Bewußtsein der eigenen Unterordnung ist aber nur einer der Aspekte der frühen Kind-Erwachsenen-Beziehung. Mit dem Älterwerden wachsende Erfahrungen und sich mehrende individuelle Bedürfnisse bringen ihm zu Bewußtsein, daß das „Herrschaftsverhältnis" zwischen dem Kind und dem Erwachsenen unmittelbar der (sich ausbildenden) Individualität verbunden, „personenbezogen" ist. Entsprechend der personalen Seite dieses Verhältnisses wird Gehorsam in einer bestehenden (bereits aufgenommenen) Beziehung gefordert, also einem Erwachsenen gegenüber, zu dem ein besonderes Verhältnis besteht[66]. Gefühlsmäßig entfernter stehenden Personen gegenüber nimmt der Umfang des geleisteten Gehorsams ab, und Fremden gegenüber, zu denen keine Beziehungen bestehen, braucht gar nicht gehorcht zu werden, sofern diese nicht von den Eltern in den Gehorsamsanspruch mit einbezogen werden oder dieser ganz auf sie übertragen wird.

Mit der Zeit erfährt das Kind, daß das Zusammenleben in der Familie nach Regeln abläuft, an die der Erwachsene ebenfalls gebunden ist.

Mit dem Aufbau persönlicher Bindungen und dem Beginn von Regelhaftigkeit im Abhängigkeitsverhältnis entsteht automatisch eine soziale Rangordnung, abgestuft nach der Intensität von inneren Beziehungen und äußerer Abhängigkeit (Mutter — Vater — Geschwister usw.)[67]. Diese Rangordnung, die sich zunächst auf persönliche Bindungen beschränkt, wird sehr bald auch auf die Beziehung zu Objekten ausgedehnt. Schon nach einigen Monaten versucht das Kind, Gegenstände seiner erreichbaren Umwelt zu greifen, zu „begreifen". Erst nachdem es diese Gegenstände zu unterscheiden gelernt hat, kann und wird die Mutter ihre soziale Rangstellung sinnvoll auf die Entstehung der Objektsbeziehungen des Kindes übertragen. Durch ostentatives Wegnehmen von Gegenständen oder Hindern am Zugreifen einerseits und durch Bestimmung

---

berg, Stage and Sequence: The Cogitive Developmental Approach to Socialization, in: Goslin (Hrsg.), Handbook of Socialization Theory and Research, Appendix B); frühkindliches Moralverständnis wird aber nicht nur von den Befehlen der Erwachsenen geformt: „This conclusion yields both a distored view of the origins of morality and an impoverished account of the child's earliest moral experience ... It suggests that the further development of moral values depends on the breakdown of obedience to authority, rather than the elaboration and reorganization of justice principles developed in the course of children's earliest social experience with peers and other associates. Such a view is adult-centered in the extreme; for it places the origins and subsequent development of morality in relation only to the codes and sanctions of adult authority, rather than in relation to the child's continual attempt to organize and understand his own social world." (Damon, S. 170).

[66] Dabei handelt es sich um den biologisch bedingten frühkindlichen individuellen Bildungsvorgang, der in einer sensiblen Phase des ersten Lebensjahres gesetzmäßig abläuft, Hassenstein, Was Kindern zusteht, S. 64.

[67] Vgl. Gruter, Die Bedeutung der Verhaltensforschung, S. 26; vgl. Goode, Soziologie der Familie, S. 43.

("in-die-Hand-geben", Benennung) zum Gebrauch (Spielsachen etc.) andererseits erfaßt das Kind, zu welchen Gegenständen es eine innere Beziehung aufbauen kann und soll und welche ihm entzogen bleiben. Somit wird also die soziale Rangordnung über die Beeinflussung der Objektsbeziehungen zur (relativen) Grenzziehung zwischen individuellen (und als solche betonten) „Sphären" eingesetzt[68].

Dies bedeutet, daß eine entsprechende familiäre Beziehung aufgebaut worden sein muß, in der eine vom Kind akzeptierte Autorität auch ausgeübt wird[69]. Wo diese Bindung nicht erreicht wurde, fehlt es bereits an der ersten Voraussetzung für die Entwicklung der Fähigkeit zum Besitzen. Nicht zuletzt wegen deren enormer sozialer Bedeutung stellt dieser Mechanismus der Übertragung personaler Rangordnung auf Objektsbeziehungen einen zentralen Ansatzpunkt für die gesamte psychische Entwicklung des Menschen dar.

Innerhalb des hier einsetzenden spezifischen Erziehungsprozesses muß das Kind zunächst als Individuum anerkannt werden. Denn bevor die soziale Komponente des Besitzes erfaßt werden kann, bildet und orientiert[70] sich das Gefühl dafür an der eigenen Individualität. Das Kind muß also die Möglichkeit haben, sich selbst mit Gegenständen in Beziehung zu bringen.

„Nur wer etwas besitzt und sich dessen freut, achtet es auch beim Nächsten. Aufgezwungene Besitzlosigkeit oder Besitzunsicherheit im Kleinkindalter erzieht mangels eigenen Besitzerlebens zur Nichtachtung fremden Besitzes, damit aber auch zum Nichtachten öffentlichen Besitzes, des Besitzes der Gemeinschaft[71]."

In dem Maße, in dem ein Kind in die Gesellschaft hineinwächst, d. h. Beziehungen zu Familienmitgliedern, Spielkameraden etc. komplexere Formen annehmen, werden höhere Anforderungen an seine Unterscheidungsfähigkeit gestellt[72]. Die dafür notwendige Erfahrung gewinnt es in der Auseinandersetzung seiner individuellen Ansprüche mit sozialen Forderungen[73]. In diesem Spannungsfeld erlebt das Kind sich selbst in seiner Umwelt und kann nur so zu seiner Identität finden. Werden in der Erziehung konkrete Ansprüche und entsprechende soziale Forderungen nicht — zur rechten Zeit — anhand allgemein verbindlicher Wert-

---

[68] Vgl. Goode, S. 43.
[69] Ob sich ein Kind an Bezugspersonen binden konnte oder ob es bindungslos blieb, ist von schicksalsmäßiger Bedeutung für sein ganzes Leben, Hassenstein, Was Kindern zusteht, S. 12.
[70] Vgl. Hassenstein, S. 50.
[71] Hassenstein, Verhaltensbiologie des Kindes, S. 368.
[72] Hassenstein, Verhaltensbiologie des Kindes, S. 392.
[73] Hassenstein, Verhaltensbiologie des Kindes, S. 115.

vorstellungen aufeinander abgestimmt, so gefährden die — zwangsläufig entstehenden — psychischen Defizite die Sozialpersönlichkeit als Ganzes. Die kontinuierliche psychische Entwicklung verlangt, daß alters- und situationsspezifische Erfahrungen so aufeinander folgen, daß sie schließlich abstrahiert und vom Erwachsenen flexibel verwertet werden können. Mangelnde Homogenität dieses Prozesses dagegen kann bewirken, daß auch wichtige Spielregeln des gesellschaftlichen Miteinanders nur noch durch sozialen Druck oder massiven Zwang aufrecht erhalten werden können[74].

bb) Das affektive Element des Besitzes

Persönlichen Besitz erstrebt der Mensch nur, wenn und solange er damit etwas gefühlsmäßig oder rational verbindet, das beispielsweise für ihn einen Wert als Lebensnotwendigkeit hat, der Erleichterung dient (das Streben danach folgt dem Gesetz der Entlastung, vgl. oben) oder Bedeutung für seinen Status hat. Das Besitzen ruft dabei ein „gewisses Wohlgefühl" (ausgelöst in die sog. „pleasure centers" im Gehirn)[75] hervor, das durch den Ausgleich von Erwartung und Erfüllung der Erwartung entsteht.

Desinteresse an einem Gegenstand dagegen zeigt sich in einem Nicht-Annehmen, Unbeachtetlassen oder Aufgeben einer Sache[76]. Generelle persönliche Abwendung von materiellem Besitz, etwa aus intellektuellen oder religiösen Motiven, drückt sich in dem Begriff „Bedürfnislosigkeit" aus.

Erweckt in der oben angeführten Weise ein Gegenstand unser Interesse, so können wir den Wunsch verspüren, uns diesen Gegenstand zu verschaffen, d. h. regelmäßig zu tauschen oder zu „kaufen" (Gegenwert, Reziprozität, Balance) oder ein gleiches Stück zu beschaffen, sofern dies möglich ist. Gelingt uns dies nicht, oder jedenfalls nicht ohne weiteres und sehen wir dies, nach unserer Erfahrung, sofort voraus, reagieren wir je nach dem Grad unserer persönlichen Zuneigung negativ, „frustriert", mit Ablehnung, Neid oder Aggressivität. Gibt man z. B.

---

[74] Dies führt zu der Konsequenz, daß das Bemühen um „Resozialisierung" von Eigentums- und Vermögensstraftätern jedenfalls dort schon vom Ansatz her vergebens sein muß, wo eine „Sozialisierung" — die Internalisierung allgemein verbindlicher Wertvorstellungen, die als Motivationen individuelles Verhalten spontan steuern — nie stattgefunden hat.

[75] Olds, Pleasure Centers in the Brain, Scientific American, October 1956, S. 105—116; Olds deutete bereits die mögliche Übertragbarkeit seiner Ergebnisse, die er in Versuchen mit Ratten gefunden hatte, auf den Menschen an; Routtenberg, The Reward System of the Brain, Scientific American, 239 (1978), S. 154—164, untermauert mit neuen biochemischen Erkenntnissen, daß es auch im menschlichen Gehirn Zentren für Lustempfindungen gibt.

[76] Dereliktion, § 959 BGB; Eigentumsverzicht, § 928 I BGB; Beendigung des Besitzes, § 856 I BGB.

1. Besitz als soziale Institution

einem von zwei kleinen Kindern ein Spielzeug, das aufgrund seiner Beschaffenheit deren Aufmerksamkeit erregt als Objekt gefühlsmäßiger Anziehung, so wird häufig das andere Kind versuchen, dieses Spielzeug in seinen „Besitz" zu bringen[77]. Das erste Kind wird „seinen" — ihm zugewiesenen — Besitz zu verteidigen suchen; dabei kommt es häufig zum Streit, abhängig vom Grad der jeweiligen affektiven Beziehung, bis das stärkere sich durchsetzt, ein Erwachsener (oder Stärkerer) dank seiner Autorität (bzw. Überlegenheit) entscheidet oder schlichtet, oder aber sich „Zusammenspiel" (teamplay) aus der Situation heraus als beste Lösung erweist. Kindern werden ihre Befugnisse an Gegenständen ihrer Umwelt in erster Linie durch die Erziehung deutlich gemacht. Zeigt man ihnen dabei keinerlei Grenzen, können sie also nicht lernen, *was* „mein" und „dein" ist, so muß es zu schweren Konflikten kommen, wenn sie fremden Besitz mißachten und dabei auf dessen Verteidigung treffen. Ebenso gefährlich ist es für ein soziales Wesen wie den Menschen, persönliche Verfügungsmacht derart zu verabsolutieren, daß sozial verantwortliches Handeln unmöglich wird.

Art und Umfang von persönlichem Besitz, von persönlicher Verfügungsmacht, lassen sich also nach dem Grade persönlicher Affektivität, die von individuellen Bedürfnissen abhängt, unterscheiden: sie muß — auf die gesamte Gesellschaft bezogen — mit der jeweiligen Rechtsordnung, die Besitz als konkreten Rechtszustand gewährleistet, in Einklang gebracht werden.

cc) Die Entwicklung des Gerechtigkeitsempfindens

Der Respekt vor — individuell-affektiv begründetem — Besitz anderer bemißt sich danach, inwieweit ein Kind (und später der Erwachsene) die Motivationen und Dispositionen seines Gegenüber hinsichtlich für sich „in Anspruch genommener" Besitzobjekte erfassen kann.

Eng verknüpft mit dem Respekt vor Besitz, vor der Grenze anderer „Sphären", ist die Entwicklung des „positiven" Gerechtigkeitsempfindens, des gerechten Teilens und Verteilens begehrter Güter. „Positive Justice" bezeichnet den Aspekt der Gerechtigkeit, der sich damit befaßt, wer in einer Gesellschaft welchen Anteil an den zur Verfügung stehenden Gütern (ideller, materieller, kultureller Natur) erhalten sollte[78].

---

[77] Hierbei sind zu beachten: Relation zwischen Alter, sozialer Umwelt (Erziehung) und „Status" (der sich nach der Beziehung Dritter — Kind — Kind bemißt), weitere Variablen wie z. B. bereits erfolgte Lernprozesse, erste Erfahrungen etc.; dies aber auch jeweils in Abhängigkeit von der entsprechenden Entwicklungsstufe der beteiligten Kinder.
[78] Damon, S. 71.

Teilen nimmt für ein Kind wahrscheinlich den größten Raum in freundschaftlichen Beziehungen ein; mit Freunden spielen heißt Zeit zusammen verbringen, die Spielsachen des anderen mitzubenutzen, sie auszutauschen und sich in deren Gebrauch abzuwechseln.

Welche Bedeutung hat nun dieses Teilen für die soziale Entwicklung des Kindes? Wie empfindet es sein eigenes Teilen? Teilen Kinder, weil sie glauben, daß es in einem gewissen Sinne „richtig" ist, so zu handeln; wenn dem so ist, was ist dann die Grundlage für diesen moralischen Wert? Oder gibt es darüber hinaus andere Gründe und unterschiedliche Methoden zu teilen, die typisch sind für die jeweilige Entwicklungsstufe des Kindes?

Zur Beantwortung dieser Fragen kann auf den Ergebnissen einer Studie von Damon[79] aufgebaut werden. Er untersuchte an einer Gruppe von 50 Jungen und Mädchen im Alter von vier bis acht Jahren aus Mittelstands- und gehobenen Mittelstandsfamilien in Berkeley/Kalifornien, wie Kinder verschiedener Altersstufen sich „distribution-of-reward"-Konflikte vorstellen, die in ihrer sozialen Umwelt üblich sind, und wie sie damit fertig werden.

Er erkannte eine ausgeprägte Abfolge von sechs altersbezogenen Primärebenen des Gerechtigkeitsempfindens.

Auf der untersten Ebene setzen Kinder praktisch gleich, was für sie das Beste und was gerecht ist. Die Rechtfertigung eigener Wünsche beschränkt sich auf deren wiederholte Geltendmachung.

Auf der nächsten Stufe wird dieser Dichotomie nur in dem Sinne Rechnung getragen, daß das Kind dem Erfordernis einer Rechtfertigung mit dem Verweis auf irgendwelche quasi-objektive Kriterien genügen will, auch wenn solche Kriterien unlogisch, unwahr oder nach Lage der Dinge irrelevant sind. Dazu berücksichtigt das Kind gewisse äußere, beobachtbare Eigentümlichkeiten von Personen; damit setzt auch ein rudimentärer (nicht-reziproker) Gebrauch von „Verdienst" als Kriterium ein. Aber die getroffene Wahl vermengt noch praktische und moralische Zwecke ebenso, wie die gegebenen Rechtfertigungen unsicher zwischen praktischen und moralischen Ansprüchen hin- und herwechseln. Immerhin aber erkennt das Kind, daß andere auf eine Entscheidung, die sich für das eigene Ich positiv auswirkt, negativ reagieren können; diese Erkenntnis versetzt das Kind in die Lage, die reziproke Natur irgendeines sozialen Austausches realistisch beschreiben zu können („Sie wird böse mit mir, wenn ich nicht mit ihr teile.").

Auf der dritten Ebene wird jede Person als ein selbstständiges, objektives, im wesentlichen gleichartiges Individuum angesehen, das in

---
[79] Damon, S. 73—91.

einer Konfliktsituation mit anderen das gleiche Ziel verfolgt, nämlich sein Eigeninteresse durchzusetzen. Mit anderen Worten, das Kind weiß, daß Personen um Güter und Vorteile konkurrieren können, aber es faßt diese Konkurrenz als einen unvermeidlichen Konflikt einzelner Individuen auf, die alle gleichartige, eigennützige Wünsche haben; es erkennt jedoch nicht die psychologische Einzigartigkeit, die Subjektivität, die völlig verschiedenen Absichten und Beweggründe der konkurrierenden Individuen. Als Gerechtigkeitsmaßstab dient ausschließlich strikte Gleichbehandlung zur Konfliktlösung, um damit unangenehme Folgen, wie die Verärgerung eines Beteiligten oder tätliche Auseinandersetzungen, zu vermeiden. Erst auf der vierten Stufe und darüber erscheint Gerechtigkeit, ungeachtet praktischer Konsequenzen, als ein eigener, für sich stehender Wert. Das Kind verwendet hier Begriffe von Verdienst und gerechtem Austausch und betrachtet positive Gerechtigkeit als eine Vergeltung für Gewandtheit oder Fleiß. Gleichermaßen entsteht jetzt ein Gefühl der Verpflichtung in einer Austauschbeziehung, beispielsweise, daß einem Freund ein Gefallen oder ein Geschenk vergolten werden *sollte*.

Im Alter von sieben bis acht Jahren begreifen Kinder dann, daß es doch eine Vielzahl akzeptabler Gerechtigkeitsforderungen geben kann, die zu einer Anzahl moralisch akzeptabler Entscheidungen führen können. Die daraus resultierende moralische Relativität wird mit einer neuen Achtung personaler Gleichheit verbunden. Das heißt, da alle Personen als gleich angesehen werden sollen, müssen die jeweiligen Ansprüche gleichermaßen berücksichtigt und, wenngleich nicht notwendig absolut gleichwertig, beurteilt werden. Wegen dieser Betonung personaler Gleichheit wird in „positive-justice"-Entscheidungen dem Umstand eines Bedürfnisses, verstanden als eine besondere Form persönlicher Ungleichheit, ein besonderer Vorrang eingeräumt. Das Kind bedenkt, daß es notwendig sein kann, einen Mangel auszugleichen, um die Fiktion der Gleichheit von Personen beizubehalten. Mit dem Erreichen der letzten Ebene sind Kinder soweit gekommen, daß sie tatsächlich damit beginnen, bewußt überlegte Entscheidungen zwischen praktischen und moralischen Überlegungen bzw. Begründungen zu treffen. Das Bemühen um Gerechtigkeit erscheint als eine Art situationsgebundener Ethik: alle potentiellen Gerechtigkeitskriterien — Gleichheit, Bedürfnis, Verdienst, Vergleich — werden in Betracht gezogen; die Wahl wird dann in Hinblick auf die spezifische Funktion der Belohnung in der betreffenden Situation getroffen.

Die enge Verbindung zwischen Alter und „positive-justice"-Ebene in dieser Studie legt die Vermutung nahe, daß sich das Gerechtigkeitsdenken von Kindern in einer regelmäßigen und damit auch voraussagbaren altersbezogenen Weise während der frühen und mittleren Kindheit entwickelt. Die Festigkeit dieser Verbindung wurde wahrscheinlich durch die Homogenität der untersuchten Gruppe verstärkt. Kinder aus einer wirtschaftlich oder kulturell gemischteren Gemeinschaft hätten vermutlich einen schwächeren Alterstrend hervorgebracht, da andere Faktoren als die altersbezogene Entwicklung eine größere Abweichung der einzelnen Ergebnisse bewirkt haben würden. Jedoch kann aus dieser Studie immerhin der Schluß gezogen werden, daß geschlechtsbezogene Sozialisierungsmuster allenfalls eine untergeordnete Rolle in der Entwicklung des Gerechtigkeitsdenkens spielen — hier wurden jedenfalls auf keiner Stufe geschlechtsspezifische Unterschiede festgestellt.

Es ist sicherlich richtig, daß Kinder einen langen Weg von dem moralischen Egoismus der ersten Ebene zum „positive-justice"-Denken der letzten Stufe zu gehen haben. Diese Entwicklung ist aber auch dann noch lange nicht beendet. Zum Beispiel fehlt noch die Fähigkeit, sich selbst aus der unmittelbaren Verteilungssituation auszunehmen und das Problem aus einer weiteren Perspektive als nur im Blick auf die tatsächlich vorhandenen Parteien zu betrachten. Solange die beteiligten Personen einem Verteilungsmodus zustimmen, hält das Kind die darauf beruhende Lösung für gerecht, auch wenn dabei „objektive" (sonst in der Gesellschaft überwiegend anerkannte) Maßstäbe verletzt werden, sogar wenn es sich um krasse Mißverhältnisse handelt.

Die „objektiven", d. h. die gesamtgesellschaftlich anerkannten Perspektiven und damit die Erkenntnis, daß es sich bei Besitz um eine triadische Beziehung handelt, werden erst später, wenn das Kind zehn Jahre und älter ist, einbezogen. Auffallend ist der „Sprung", den Kinder von der ersten zur zweiten Ebene machen, indem sie ihre Ansprüche in irgendeiner Weise zu „begründen" suchen.

Damon geht in seinen Untersuchungen aber nicht darauf ein, warum zu diesem Zeitpunkt eine solche Entwicklung einsetzt bzw. woher das offensichtliche Bedürfnis und die tatsächlich angewandten Kriterien stammen. Die Erklärung dürfte in der Erfahrung zu finden sein, die Kinder beim Aufbau und der Differenzierung ihrer Besitzbeziehungen machen. Blieben Liebe und Zuneigung der Mutter für ihre Pflege zunächst als „Begründung" unbewußt, lernt das Kind, sobald eine verbale Verständigung möglich ist, daß Erwachsene jedem Zugestehen von Besitz — ob von dem Kind gefordert oder nicht — und umgekehrt dessen Versagung eine wie auch immer geartete Begründung hinzufügen. Dieser aus dem kausal angelegten Denken des (erwachsenen) Menschen entspringenden spezifischen Rationalität vermag ein Kind noch nicht auf gleicher Ebene zu folgen, übernimmt aber dennoch — oberflächlich und verkürzt — nach und nach die in seiner Umwelt

1. Besitz als soziale Institution

gedachten oder gelebten Muster sozialer Gerechtigkeit[80]. Entscheidend ist, daß das Kind Begründungen als notwendigen Bestandteil sozialer Beziehungen ansehen muß, da es sich ja den Spielregeln gemäß verhalten will.

Zusammenfassend kann nunmehr festgestellt werden: Herrschaft erlebt der Mensch als frühen Beziehungsablauf im Sozialleben. Die daraus abgeleiteten Verhaltensregeln verdichten sich rasch zu Verhaltensmustern, die durch die Übertragung personaler Verhältnisse auf Beziehungen zu Gegenständen entscheidend erweitert werden.

Bestimmend für den Beginn sozialen Lernens ist in erster Linie die Fähigkeit zu verbaler Reflexion, die das eigene Ich, eigene Wünsche und Bedürfnisse und die Bezugspersonen in der Umwelt einschließt[81]. Bis zum Alter von etwa vier Jahren setzen Kinder aber die Erfahrung, daß soziale Regelhaftigkeit Einschränkung bedeutet, für die eigenen Ansprüche nicht um. Die danach beginnende Orientierung an einzelnen Gerechtigkeitskriterien bleibt situationsgebunden, aus Erfahrungen werden bis in das vorpubertäre Entwicklungsstadium übergreifend Grundsätze nicht abstrahiert, speziell Besitz wird noch nicht als triadisches System erfaßt.

Dennoch sind feste Beziehungen zu Eltern und Freunden und insbesondere eigenes Besitzerleben die Quelle sozialer Verantwortung, die maßgeblich auf dem Erkennen der Interessen und Motivationen des anderen aufbaut.

Der Verlauf der psychischen Ontogenese des Besitzverhaltens in aufeinanderfolgenden Stadien und die bestimmten sozialen Bedingungen seiner Ausformung weisen diese Disposition als dem Menschen eigene Struktur aus, auch wenn diese Disposition sich durch die notwendige soziale Komponente individuell unterschiedlich — auf die Gesellschaft bezogen positiv oder negativ — ausprägt.

Die Anerkennung anderer Personen und ihrer Ansprüche wird hauptsächlich gehemmt oder negiert durch den Mangel an persönlicher Bindung oder durch die Intensität der eigenen Motivationen. Es muß deshalb in der Erziehung gelingen, auch das stärkste Eigeninteresse durch einen Bezug auf die Gemeinschaft zu relativieren.

Begrenzte Reichweite einzelner Bewertungsmaßstäbe und deren nur zeitweise und schwankende Anwendung bedingen, daß bei Kindern von

---

[80] Auf den Prozeß der Spracherlernung beim Kinde in Zusammenhang mit der Erfassung der Umwelt kann hier nur hingewiesen werden. Siehe dazu Gipper, Die Sonderstellung menschlicher Sprache gegenüber den Verständigungsmitteln der Tiere, in: Mitteilungen der Berliner Gesellschaft für Anthropologie, Ethnologie und Urgeschichte 5 (1977/1980), Heft 1, S. 26—67.
[81] Vgl. Hassenstein, Was Kindern zusteht, S. 37.

einem „Sinn für Gerechtigkeit", der das Verhalten in allen Lebenssituationen steuern kann, noch nicht gesprochen werden kann. Das seinerseits von den genannten Voraussetzungen abhängige sozial adäquate Besitzverhalten ist aber ein wesentlicher Baustein, der mit weiteren zu einem „Sinn für Gerechtigkeit" zusammengefügt werden muß. Dazu gehört als nächster Schritt, daß Kinder aus der Notwendigkeit geregelten Miteinanders die psychische Bereitschaft entwickeln, zur Sicherstellung der eigenen Bedürfnisbefriedigung die Ansprüche anderer gleichermaßen anzuerkennen, d. h. unerwünschte gewaltsame Auseinandersetzungen durch ein „Sich-Vertragen" zu vermeiden.

2. Vertrag als soziale Institution

Bei der sozialen Beziehungshaftigkeit und Beschränkung des Vertragsrechtes verhält es sich im Grunde wie mit der sozialen Institution des Besitzes. Dementsprechend soll auch der Vertrag hier als ein komplexes, sich wandelndes, in seiner substantiellen Funktion aber konstantes soziales System behandelt werden.

Immer bleibt individueller Besitz von der grundsätzlichen Zustimmung bzw. von einer Vereinbarung der Gemeinschaftsmitglieder abhängig. So ist unter dem Aspekt seiner stabilisierenden Funktion als Grundlage eines geordneten Wirtschaftslebens der Besitz unmittelbar mit der Rechtstatsache der Willenserklärung verbunden; was die rechtlich geregelte Besitzordnung aber ebenfalls gewährleisten soll, ist der Austausch von Gütern, also ein dynamisches Geschehen, das aufgrund von Vereinbarungen, d. h. von Verträgen abläuft.

a) Vertrag als triadische Beziehung

Die Willenserklärung als Tatsache des Rechts kommt nach Eugen Ehrlich in mehreren Formen vor, von denen die wichtigsten der Vertrag, die Satzung und die letztwillige Verfügung sind[82]. Ein Vertrag kommt zustande, wenn zwei oder mehrere übereinstimmende Willenserklärungen verschiedener Rechtssubjekte zur Herbeiführung eines bestimmten rechtlichen Erfolges abgegeben werden. Die Vertragschließenden müssen dabei eine rechtliche Bindung wollen, d. h. der Zweck des Vertrages soll in einer vorgezeichneten Weise durchsetzbar sein. „Rechtlicher Erfolg" und „rechtliche Bindung" beziehen Geltungsgrund, Inhalt und Schranken eines Vertrages auf die zugrunde liegende Rechtsordnung[83]. Hierin zeigt sich eine Parallele zum oben behandelten Besitz.

---

[82] Ehrlich, Grundlegung, S. 83/84.
[83] Vgl. §§ 145 ff., § 305 f., § 138 BGB.

2. Vertrag als soziale Institution

Ein Unterschied liegt darin, daß gegenüber dem zweiseitigen Verhältnis A — Objekt beim Besitz die zweiseitige Beziehung $A_1 - A_2$ bei einer Vereinbarung bereits unmittelbar personalisiert ist. In beiden Fällen aber wird das jeweilige Verhältnis erst durch den Bezug auf eine Rechtsordnung wirksam und das heißt durchsetzbar.

Wie dargelegt, können wir ohne „Zugeständnis" von dritter, d. h. öffentlicher Seite Besitz und Eigentum nicht „ausüben". So verhält es sich auch mit Verträgen[84]. Solange ein Partner bei der Zweckverwirklichung ganz auf sich gestellt ist, liegt im eigentlichen Sinn kein Vertrag, keine Vereinbarung mit durchsetzbarer Bindungswirkung vor.

Verträge sind Übereinkommen mit einer vornehmlich wirtschaftlichen Bedeutung[85], denn die Lebensverhältnisse des Einzelnen, die er mit den Mitteln des Vertrages in einer von der Privatautonomie geprägten Rechtsordnung gestalten muß, sind in erster Linie ökonomischer Natur.

Daneben gibt es wohl eine Vielzahl anderer, nichtwirtschaftlicher Motive und Ziele, die auf die inhaltliche Gestaltung von Verträgen Einfluß nehmen. Man muß dazu aber mit Ehrlich festhalten, daß jede nichtwirtschaftliche Tätigkeit eine funktionierende Volkswirtschaft voraussetzt, mit deren Ertrag über die unmittelbaren Bedürfnisse der Arbeitenden hinaus der Staat und seine Organe, Wissenschaft und kulturelle Einrichtungen getragen und gepflegt werden können. Auch individuelle Verträge haben unter diesem Gesichtspunkt einen mittelbaren Bezug auf wirtschaftliche Rahmenbedingungen. „Deswegen ist das Verständnis der Wirtschaftsordnung die Grundlage für das Verständnis der ganzen sonstigen, insbesondere auch der rechtlichen Ordnung der Gesellschaft[86]."

Prinzipiell kann jedes gesellschaftliche Bedürfnis durch vertragliche Vereinbarung zum rechtlichen Sollen werden, und alles, was im Einzelfall Vertragsinhalt wird, ist durch den gesellschaftlichen Zusammenhang bestimmt[87].

---

[84] „Die organisatorische Natur aller dieser Verträge tritt sofort deutlich zutage, wenn nicht bloß, wie das gewöhnlich zu rein praktisch-juristischen Zwecken geschieht, die beiden Parteien, die den Vertrag abschließen, sondern der ganze Kreis der Personen ins Auge gefaßt wird, die miteinander durch regelmäßigen vertragsmäßigen Güteraustausch verbunden sind" (Ehrlich, Grundlegung, S. 37).
[85] Ely, Property and Contract in their Relation to the Distribution of Wealth, S. 561.
[86] Ehrlich, Grundlegung, S. 92.
[87] Ehrlich, Grundlegung, S. 34 ff.

II. Die vier Rechtstatsachen als Strukturen des Rechts

b) *Das Vertragskonzept als anthropologische Struktur*

Bestimmung und Verwertung von Besitz durch Willenserklärung bedeutet, daß jede der beiden Tatsachen des Rechts ohne die andere nicht denkbar ist. Deshalb kann der Satz Benthams „Property and Law are born together"[88] auch für den Vertrag umformuliert werden: „Vertrag und Gesellschaft sind zusammen geboren[89]."

Ebenso wie die Besitzordnung muß deshalb im Sinne Eugen Ehrlichs auch die Vertragsordnung einer Gesellschaft unter dem Aspekt ihrer wirtschaftlichen Funktion gesehen werden. Dann wird deutlich, daß das Grundschema übereinstimmender Willenserklärungen zur Herbeiführung eines rechtlichen Erfolges in seiner jeweiligen Ausgestaltung von seiner sozialen Bedeutung abhängt, aber zusammen mit dem Besitz aus allgemeinmenschlichen Grundbedürfnissen resultiert.

In archaischen Zeiten spielte sich das wirtschaftliche Leben im Wesentlichen in Familienhaushalten und Kleingruppen ab, dessen Ablauf autoritativ und nach althergebrachten Gebräuchen geregelt war. Der Spielraum für eine Wahl zwischen alternativen Gestaltungsformen war für den Einzelnen gering. Zwar gab es Bereiche, die der freien Gestaltung des Einzelnen überlassen blieben[90], aber „the guiding rule was the law of *status* (Hervorhebung vom Verfasser). Everybody was born to a place in the community: in that place he had to stay: in that place he found certain duties which he had to fulfill, and which were all he needed to think of. The net of custom caught men in distinct spots, and kept each where he stood"[91].

Nur Hausgemeinschaften als solche waren Rechtssubjekte, und das Recht regelte auf dieser Entwicklungsstufe nur deren Beziehungen untereinander[92]. Gewisse partielle Freiräume, mit anderen Familienmitgliedern vertragliche Vereinbarungen zu treffen, waren dadurch begrenzt, daß — wie gesagt — die Mehrzahl aller Verträge eine wirtschaftliche Grundlage hatten und haben. In überschaubaren, auf sich gestellten Kleingruppen, deren Mittel beschränkt waren, und deren Bestehen von einem reibungslosen und effektiven Miteinander-Leben aller Mitglieder abhängig war, hätte eine umfängliche Rechtsmacht des Einzelnen die Gefahr der Zersplitterung und ein Moment der Unsicherheit in das Gruppenleben gebracht.

---

[88] Ehrlich, Grundlegung, S. 113.
[89] Hallowell, S. 245.
[90] Rehbinder, Status — Kontrakt — Rolle, S. 146; vgl. Pospisil, Anthropology of Law, S. 150 m. w. H.
[91] Bagehot, Physics and Politics, S. 29.
[92] Ehrlich, Die Rechtsfähigkeit, S. 37 f.

2. Vertrag als soziale Institution

Zuweisung und Stellung in einem hierarchisch gegliederten Ordnungssystem ist allerdings nicht damit gleichzusetzen, daß der Einzelne als „rechtloser" Sklave seinem Verband zu dienen gehabt hätte; vielmehr war die Befriedigung seiner Bedürfnisse, die natürlich von den konkreten Verhältnissen abhängig und bestimmt waren, durch allgemein verbindliche strikte Regelhaftigkeit aller sozialen Prozesse gesichert.

Die ökonomischen Bedingungen, begrenzte Ressourcen, Eigenproduktion und -verbrauch innerhalb der Hausgenossenschaft ließen nicht viel zu gestalten übrig[93]. Für den Vertrag als anthropologische Struktur ist es aber von untergeordneter Bedeutung, welche Personeneinheiten die jeweilige Gesellschaftsordnung für welche Bereiche als selbständige, d. h. vertragsfähige Rechtssubjekte anerkennt und damit die sich entsprechenden Verhaltensmuster und Rollen sowie die Regeln und Sanktionen bestimmt und festlegt.

Der hier wesentliche Gesichtspunkt ist der, daß die soziale Tatsache vertraglicher Vereinbarungen auf allen uns zugänglichen frühen Kulturstufen festzustellen ist. In den Worten Maine's: „Neither Ancient Law nor any other source of evidence discloses to us society entirely destitute of the conception of contract[94]." Auch die spätere Entwicklung der Rechtsstruktur „from Status to Contract"[95] über die mittelalterliche Ständeordnung zur bürgerlichen Gesellschaft des Liberalismus schließ-

---

[93] Diese Beziehung auf die Sippe als den maßgebenden Rechtsträger ist auch bei primitiven Völkern der Gegenwart erhalten geblieben. Daneben finden sich aber beispielsweise auch bei den Eskimos, Plains, Ifugao, den Ashanti und den Trobriandern „Verträge" im Sinne spezifischer Übereinkommen, begrenzte Pflichten mit entgegengesetzten Ansprüchen zu übernehmen und beschränkte Vorrechte für eine bestimmte Zeit anzuerkennen (Hoebel, S. 328). Das System gegenseitiger Verpflichtungen als Sicherung der Lebensgrundlage beschreibt Malinowski (Crime and Custom in Savage Society) am Beispiel der Trobriander. Kernpunkt ist die Absicherung der auf Gegenseitigkeit aufgebauten Bedarfsdeckung durch formelle Zeremonien und Riten, die eng umschriebene Verhaltensmuster und Rollen verbinden. Die so erzielte öffentliche Kontrolle wirkt als zu sozialer Verbindlichkeit verdichteter sozialer Druck.
Diese Reziprozität ist jedoch nicht auf den Austausch von Grundnahrungsmitteln beschränkt, sondern gilt auch für andere Gegenstände und Dienstleistungen (S. 23). Dieses Prinzip von Nehmen und Geben (S. 39) durchzieht das gesamte Stammesleben, die ehelichen Beziehungen, die Zusammenarbeit bei der Nahrungsgewinnung und den Austausch ritueller Akte (= Befriedigung psychischer Bedürfnisse). „Within each community again the individual establishes a *system of sociological ties of an economic nature* (Hervorhebung vom Verfasser), often combined with other ties (z. B. familiäre/rituelle) between individual and individual, kinship group and kinship group, village and village, district and district" (S. 26).
Ein Mitglied, das auf Dauer den Regeln zuwiderhandelt, stellt sich damit selbst außerhalb der wirtschaftlichen und sozialen Ordnung (S. 41).
[94] Maine, Ancient Law, S. 312.
[95] Maine, S. 170.

lich hin zum Rollenrecht des Sozialstaates[96] kreist immer wieder um diese Grundkonzeption.

Ihre historische Aufarbeitung hinsichtlich der rechtstheoretischen Auswirkungen[97] belegt — fast wie nebenbei —, daß die Verdrängung der Statusbeziehungen durch die Zweckvereinbarung[98], die Umwandlung der Herrschaftsbeziehungen in Rechtsgeschäfte, von Grund und Boden in Geld, die Ersetzung der Tauschwirtschaft durch die Kreditwirtschaft, die Auflösung der Monopolisierung von Gütern und Errichtung einer Marktwirtschaft und der Entwicklung vom gruppengebundenen Selbst zum vollrechtsfähigen Individuum einem bestimmenden Element im menschlichen Interaktionsverhalten folgen, nämlich dem Streben nach Sicherheit, das — in einem elementaren Sinne — die Möglichkeit zur Freiheit übersteigt[99]. In einem System, das dem Einzelnen das Seine mittels einer straffen Organisation garantiert, in dem gegenseitige Abhängigkeit einen „Bruch" in den Beziehungen praktisch ausschließt, kommt dem „Vertragen" nur eine untergeordnete Bedeutung zu. Eine Lockerung der Bindungen, aus welchen Gründen auch immer, gibt dem individuellen Streben nach Festigung und Erweiterung des eigenen Bereichs Raum und legt damit die Dichotomie zwischen der Selbstbezogenheit und der Sozialität des Menschen offen. Gewachsene soziale Beziehungen müssen deshalb dort, wo sie fehlen, durch besondere Erklärungen geschaffen werden. Im Bereich existentieller Wichtigkeit genügt dazu nicht bloße ethische oder moralische Geltungsabsicherung in zweiseitigen Verhältnissen, sondern erst der Bezug

---

[96] Rehbinder, Status-Kontrakt-Rolle, S. 160 f.

[97] Rehbinder, Status-Kontrakt-Rolle, S. 141—169, mit umfangreichen Nachweisen.

[98] Rehbinder, Status-Kontrakt-Rolle, S. 151.

[99] „Es kann kein Zweifel sein, daß der Status innerhalb hierarchisch festgefügter Ordnungen dem Einzelnen das Gefühl größerer Sicherheit gibt. Aber wir sollten nicht verkennen, daß das Rollenrecht des Sozialstaates bereits einen praktischen Kompromiß zwischen Sicherheit und Freiheit darstellt" (Rehbinder, Status-Kontrakt-Rolle, S. 169).
Auch der „Urmensch", der keiner staatlichen oder seiner Gruppe übergeordneten Gewalt unterworfen war, eine solche aber auch nicht in Anspruch nehmen konnte, war keineswegs „frei". „Er stand, im Ergebnis noch stärker als seine Nachfahren, unter dem Zwang, sich mit einer feindlichen Umwelt auseinanderzusetzen und sein Verhalten an die Gegebenheiten dieser Umwelt anpassen zu müssen. Diese Fähigkeit zur *Anpassung* (Hervorhebung vom Verfasser) war es wohl auch in erster Linie, die ihm das Überleben als Individuum und als Gattung ermöglichte. Sie kommt auch als weiteres Wirkungselement des Vertragsdenkens zu dem Sicherungsstreben hinzu. Denn auch seinem Adaptionsbestreben, verbunden mit dem Begehren, die Gewißheit persönlicher und wirtschaftlicher Fortexistenz zu gewinnen und seinen Lebensraum beherrschen und gestalten zu können, entstammt die Entschließung zur friedlichen Übereinkunft mit anderen Individuen und Gruppen" (Rother, S. 29—30; siehe dazu auch Gruter, Die Bedeutung der Verhaltensforschung, S. 33—34).

auf die Rechtsordnung verleiht der Abrede Verläßlichkeit im Sinne von Durchsetzbarkeit und damit Sicherheit[100]. Die fast schrankenlose Gewährung der Vertragsfreiheit brachte und bringt immer nur die Freiheit des wirtschaftlich Stärkeren, der seine Bedingungen dem Nichtbesitzenden aufoktroyieren kann.

Eingrenzung der Vertragsfreiheit durch vorgefertigte Vertragsformen, Schutzgesetze und durch eine vordringende Gefährdungshaftung auf der einen Seite wird auf der anderen Seite komplementiert durch eine zunehmende Überwachungs- und Fürsorgepflicht des Staates und den daraus abgeleiteten subjektiven Rechten, für deren Verleihung und Durchsetzung immer mehr Verwaltungs- und Verfahrensvorschriften notwendig werden und in den Mittelpunkt rechtlicher Auseinandersetzungen rücken[101].

Das Bestreben nach Sicherstellung der eigenen Existenz, und zwar gleichgültig, ob durch Unterwerfungs- oder Herrschaftsverträge in einer statusorientierten Ordnung, durch kontraktsrechtliche Einzelvereinbarungen oder durch die Übernahme bestimmter Rollen des sozialstaatlichen Rechts, stellt eine psychische Grundtendenz des Menschen in den Mittelpunkt der Behandlung des Vertrages, dessen allgemein-menschlicher und institutioneller Charakter sich, ähnlich wie Besitz erst durch entsprechenden Respekt zur sozialen Institution wird, aus einer komplementären psychischen Disposition (= Bereitschaft, sich an Vereinbarungen zu halten) ergeben muß.

c) Die psychologische Dimension des Vertrages

Der Vertrag ist gleichermaßen die bedeutendste Form der Rechtstatsache Willenserklärung wie auch die wichtigste Figur des Zivilrechts. Er ist, wie alles Recht, Gegenstand des Bewußtseins der Vertragschlie-

---

[100] „In a commercial and industrial society stability of promises *as a social and economic institution* becomes of the first importance, *and this social interest* in the security of transactions calls for securing the individual interest of the promisee; that is, his claim to be assured in the expectation created, which has become *part of his substance*" (Pound, „Contract", in: Encyclopedia of the Social Sciences, S. 324) (Hervorhebungen vom Verfasser).

[101] Rehbinder, Status-Kontrakt-Rolle, S. 155—156; diese charakteristische Eigenart der „juridifizierten Welt des Sozialstaates" (Werner, Wandelt sich die Funktion des Rechts im sozialen Rechtsstaat?, S. 161) und Begleiterscheinung der Entwicklung vom Kontraktrecht zum Rollenrecht findet eine bemerkenswerte Entsprechung in der Entwicklung primitiven Rechts: „The really significant shift, however, in the development of primitive law is not a substantive shift status to contract in the relations of individuals, even though this has been a noticeable characteristic later European law; rather, the significant shift emphasis has been in procedure. Privilegerights and responsibility for the maintenance of the legal norms are transferred from the individual and his kinship group to the agents of the body politic as a social entity" (Hoebel, S. 329).

ßenden, aber auch der Angehörigen des Rechtsstabes, die unter Umständen damit befaßt werden[102].

In erster Linie bedienen sich die Vertragspartner dieses Instruments, um in einem speziellen Lebensbereich Vorsorge zu treffen bzw. Sicherheit zu schaffen, was das künftige Verhalten des anderen anbelangt. Es ist dies aber nur Sicherheit in formeller Hinsicht, in dem Sinne, daß die Parteien den Vertragsgegenstand als verbindlich zugesagt haben und dieser als mit Gewißheit in Aussicht stehend betrachtet werden kann. Sowohl was seinen Inhalt, seine Nützlichkeit wie auch seinen rechtlichen Bestand anbelangt, ergeben sich immer wieder Gründe für Sorge und Zweifel. Bis zu einem gewissen Grade aber darf ein Vertragschließender sich darauf verlassen, daß ein Partner sich nach Vertragsschluß nicht willkürlich anders entschließen oder verhalten wird, als er es verbindlich zugesagt hat[103].

Charakter und Inhalt dieser Vereinbarungen können auf alles „Menschenmögliche" bezogen und erstreckt werden; stets ist jedoch die Bindung des Partners in seinem gegebenen Wort das institutionelle, das entscheidende, das sinngebende Element allen Ausgleichs- und Gestaltungsstrebens.

Jede der Parteien geht eine Verpflichtung nur dann ein, wenn sie dafür eine sofortige Leistung oder doch zumindest die verbindliche Zusage auf eine spätere erhält. Es kann, sagt Rother[104], ein ausgehandelter Vertrag, in dem konkurrierende oder gegenläufige Interessen verbunden werden, den Ausdruck einer gewissen Harmonie im Sinne eines freien Gleichgewichts der Kräfte annehmen; dieses Streben nach Ausgleich wird sich bei einem Vertragsschluß in irgendeiner Weise manifestieren. Die psychischen Antriebe dagegen seien mit einer solchen eher künstlerischen und ästhetischen Betrachtung nicht zu ermitteln. Vor „allen anderen" in der Tiefe des Bewußtseins wirksamen Motivationen stehe der „Instinkt der Daseinssicherung". Entgegen einem inneren Drängen komme es nur deshalb zu der gewünschten Vereinbarung, weil der erstrebte Erfolg meist auf andere Weise nicht zu erreichen sei und weil es der Partner für sich selbst genauso sehe und wolle. Diese Ansicht schließt aber, gerade weil sie „andere" — unbenannte — Motivationen offenläßt, nicht aus, daß das dem Menschen innewohnende Streben nach Balance sich auch in dem Bedürfnis nach sozialer Ästhetik ausdrücken kann.

Es trifft allerdings zu, daß häufig, was den Wert von Leistung und Gegenleistung anbelangt, von „Ausgewogenheit" und „Harmonie" keine

---
[102] Rother, S. 28.
[103] Rother, S. 29.
[104] Rother, S. 30.

2. Vertrag als soziale Institution

Rede sein kann. Auch nach einer fortgeschrittenen „Sozialisierung des Rechts" bleiben, dies ist dem Vertragsdenken immanent, ungleiche wirtschaftliche und rechtliche Positionen bestehen und werden unter Umständen durch die eingegangene Verbindlichkeit perpetuiert. Zu Recht hebt daher Rother[105] hervor, daß gerade daran sich der wahre Charakter des Vertragsdenkens erweist: „Der Erfolg einer wie immer gearteten *Bindung* des Partners, Bereinigung des Streitfalls oder Beruhigung der Situation erscheint als Vorteil gegenüber der nicht zu berechnenden anderweitigen Entwicklung. Mitunter wird zu den ungünstigsten Bedingungen kontrahiert, nur um dieses erstrebte Positivum (und damit das reine Überleben oder den Zeitgewinn oder die Erhaltung der bloßen Chance) sicherzustellen."

Daneben gibt es aber auch Verträge, die ohne die Erwartung einer gleichwertigen Gegenleistung geschlossen werden; man kann insoweit von altruistischen oder uneigennützigen Verträgen sprechen[106]. Aber auch dann stehen letzten Endes die Sorge um Dasein und Selbsterhaltung hinter den Erwägungen der Beteiligten. Für eine Schenkung kann der Wohltäter keine unmittelbare Kompensation erwarten. Dafür hofft er jedoch darauf, daß zu gegebener Zeit der andere „sich in der Schuld" fühlt und sich „revanchieren" wird, z. B. indem er dem Schenker aus einer Verlegenheit hilft.

Diese Art moralischer, gesellschaftlicher oder familiärer „Verpflichtungen" allerdings entziehen sich einer rechtlichen Beurteilung, denn dazu müssen Leistung und Gegenleistung einigermaßen erkennbar aufeinander bezogen sein und so für das Recht in einem inneren Zusammenhang stehen[107]. Diese rechtliche Begrenzung ändert aber nichts an der psychischen *Bereitschaft,* ja geradezu dem Bedürfnis des Menschen, einseitig Empfangenes in irgendeiner Weise zu vergelten. Wichtig ist hier, daran zu erinnern, daß diese Anlage in der Erziehung entwickelt werden muß. Dazu sind stabile persönliche Beziehungen erforderlich, in denen sich das Bedürfnis nach seelischer Nähe ausdrücken kann. Diese Bereitschaft schwindet, wenn beispielsweise ein Kind — quasi als „Gegenleistung" für empfangene Zuneigung — seiner Mutter bei der Arbeit helfen möchte und dabei zurückgewiesen wird[108]. Bleibt ein Kind auf Dauer derart auf sich belassen, wird auch seine Bereitschaft, von sich aus etwas „vorzuleisten", verkümmern, denn ohne das Gefühl, mit dem Zugehen auf einen anderen einen irgendwie gearteten Effekt zur Stabilisierung seiner Umwelt zu erzielen, muß von ihm freundliches, soziales Verhalten, Schenken, Teilen als „sinnlos" empfun-

---

[105] Rother, S. 31.
[106] Ebenda.
[107] Ebenda.
[108] Hassenstein, Was Kindern zusteht, S. 16/17.

den werden. Die Folge ist, daß Selbstsicherung, die ja bei alledem der beherrschende Wirkfaktor bleibt, als nur ohne oder sogar gegen die Mitmenschen möglich erscheint. Bei dem Kind werden somit Trotz, „Eigensinn" und auch Mißtrauen genährt.

Ein gewisses Maß an Vertrauen aber muß bei einem Vertragsabschluß auf beiden Seiten vorhanden sein, denn ohne die Aussicht, daß die gegebenen Versprechungen auch eingehalten werden[109], wird sich vernünftigerweise niemand verpflichten. Dieses Vertrauen in den anderen gründet sich aber zum Teil auch auf die eigene Bereitschaft zur Gegenleistung, zur Vertragserfüllung. Ist sie nicht genügend ausgebildet worden, kann die Einhaltung der gegebenen Zusage von dem Trieb zur Daseinsvorsorge, der im Grunde auf eine einseitige Bindung des anderen abzielt, verhindert werden. „Vitaler" und „biozentrischer" nennt es Rother[110], die Leistung des anderen entgegenzunehmen, die eigene aber schuldig zu bleiben.

Gewiß ist dies im alltäglichen Leben oft genug der Fall, doch bilden Vertragsverletzungen einen pathologischen Teil des Rechtsverkehrs, mit dem die Gesellschaft insgesamt bestehen kann. Sorge und Gesinnung sind, wenn vielleicht auch mit unterschiedlichem Gewicht, die Elemente, die eine allgemeine Praktizierung von Vertragsbrüchen verhindern[111]. Der Sorge vor Verlust von Ansehen und Kredit, vor den rechtlichen Sanktionen der Gemeinschaft und mittelbar auch der um das gemeine Wohl, von dessen Bestand die eigenen Unternehmungen abhängig sind, steht das individuelle Rechts-Ethos zur Seite. Das Selbstverständnis, das sich im sozialen Lernen bildet, und der dem Selbstwertgefühl des Menschen entspringende Drang nach sozialer Anerkennung tragen wesentlich zu vertragsgetreuem Verhalten bei[112]. Man muß Rother[113] darin zustimmen, daß im Menschen als einem höher organisierten und daher auf individuelle Daseinsbewältigung hin angelegten Wesen das Streben nach Gewinn der persönlichen Erhaltung und Bevorteilung ursprünglich und grundsätzlich dominiert. Andererseits erscheint es doch fraglich, ob wirklich nur die Furcht vor dem sozialen Verdikt oder Gegenübel und umgekehrt die Aussicht auf Ehre und Anerkennung der Gemeinschaft dieses individuelle Vorteilsstreben zu überwinden vermögen. Die Forschungsergebnisse von James Olds und die neueren von Aryeh Routtenberg[114], wonach auch im menschlichen Gehirn „Wohlgefühlszentren" das Verhalten beeinflussen, begründen

---

[109] Rother, S. 31.
[110] Rother, S. 32.
[111] Rother, S. 32.
[112] Ebenda.
[113] Rother, S. 33.
[114] Siehe oben, S. 34, Fußnote 75.

die Vermutung von M. Gruter[115], daß es dem Menschen ein Gefühl der Zufriedenheit oder ein Wohlgefühl bereitet, den Gesetzen zu gehorchen, weil Ausgleich und Balance im allgemeinen dem Menschen wohltue und darüber hinaus letzten Endes der Arterhaltung diene[116].

Rother sieht in dem Lob der anderen den Ansatzpunkt für gemeinschaftsförderndes Verhalten und für Vertragstreue; und, wo dieses Lob als äußerer Vorgang nicht tatsächlich stattfindet, könne der Einzelne zufolge der Bewußtseinsspaltung, deren er fähig sei, in Stellvertretung der Gemeinschaft zu sich selber sagen, daß er dieses Lobes würdig sei. Dem ist durchaus in der Hinsicht zuzustimmen, daß aus dieser Rückbeziehung des Urteils der Personentyp des bescheidenen, redlichen, ohne Rücksicht auf äußere Anerkennung das Rechte tuenden Bürgers, auf den die Gesamtheit stolz ist, entsteht[117]. Diese Überlegungen beziehen sich auf das Befolgen als notwendig betrachteter Regelungen bzw. auf das Einhalten von Übereinkünften, die nicht zuletzt des Erhaltes einer materiellen Basis wegen aufgestellt oder getroffen worden sind.

Es kommt aber noch ein anderer Aspekt hinzu, nämlich die neben der Dominanz des Menschen bestehende Neigung zum Gehorsam, die freudige Annahme von Beschränkungen, die sich auch in einer „Lust an der Unterwerfung" manifestieren kann, die dem individuellen Selbsterhaltungsinteresse zuwiderzulaufen scheint. Deutlich wird dies etwa am Beispiel religiöser Orden, deren Mitglieder sich bisweilen in (für Außenstehende „irrationaler") Selbstkasteiung zu verzehren scheinen, die aber, wenn man ihren Selbstdarstellungen glauben darf, sich aus der Strenge ihrer Regeln sowohl psychische als auch geistige Spannung und „Erlösung" erhoffen und auch gewinnen.

Die Palette von Gemeinschaften, die durch den Mechanismus von unmittelbarem Zwang und Gehorsam zusammengehalten werden, ist bekanntermaßen groß: ihre Glaubensprogramme haben religiösen, mystischen, pseudoreligiösen, philosophischen oder politischen Charakter. Dessen Inhalte sind oft nur schwer zu bestimmen und erscheinen in ihrer Substanz bisweilen unter dem Aspekt der inneren und äußeren

---

[115] Gruter, Die Bedeutung der Verhaltensforschung, S. 26, 34.
[116] Siehe dazu Rother, S. 33, Fußnote 15. Die Kritik Rothers an diesem Punkt geht wohl ins Leere. Es kommt nicht auf den vor- oder nachteiligen Inhalt der getroffenen Vereinbarung an, sondern auf den *Mechanismus der gegenseitigen Abstimmung* der jeweiligen Interessen, der man sich dann auch unterwerfen will. Dieses Wollen, den vom eigenen Willen erfaßten Vertragsinhalt zu erfüllen oder aus der Einsicht in die Notwendigkeit einer Normenordnung auch lästige Gesetze zu respektieren, ist das Moment, das der Arterhaltung dienlich ist. Das schließt keineswegs aus, unter Umständen einen Vertrag nachträglich zu ändern oder sich von ihm zu lösen, wie es etwa beim sog. „Wegfall der Geschäftsgrundlage" der Fall ist.
[117] Rother, S. 33.

Geschehensabläufe austauschbar. Diese Gemeinschaften sind keinesfalls Einzelfälle oder kulturelle Randerscheinungen (Subkulturen). Denn daß es hierfür eine allgemeine und jedenfalls breit aktivierbare Disposition gibt, zeigen die mit der Suche nach ideologischer Orientierung verbundenen „Psychosen", die ganze Völker ergreifen können.

Um allen Mißverständnissen vorzubeugen: dies ist nicht so zu verstehen, daß sich im menschlichen Rechtsverhalten die Freude an der Befolgung von Gesetzen unmittelbar auszudrücken vermöchte; über ihren Einfluß und ihre Bedeutung kann zum gegenwärtigen Zeitpunkt, dies soll auch klargestellt werden, nur spekuliert werden. Und speziell bei Betrachtungen zur Psychologie des Vertrages sollen die Beweggründe der Sicherung, der Vorsorge und der Furcht vor sozialen Nachteilen im Vordergrund bleiben. Wenn ihre Bedeutung einerseits durch den Hinweis auf das Streben nach Ausgleich und Balance, auf das Bedürfnis nach sozialer Ästhetik und andererseits auf die Freude an der Befolgung von Regeln relativiert wurde, dann unter dem Gesichtspunkt, daß der Mensch mehr ist als ein immer und nur auf sein eigenes Wohl bedachter Egoist, den lediglich Einsicht in Notwendigkeiten oder sozialer Zwang im Zaume zu halten vermögen, und daß diese psychischen Potentiale einer Erziehung zum „Recht" im Sinne eines im Bewußtsein aller liegenden Verständnisses vom sozial Richtigen und Erstrebenswerten[118] förderlich gemacht werden können und müssen.

3. Die Übung als Strukturelement des Rechts

Wie oben dargelegt, bezieht sich die soziale Institution „Vertrag" auf eine bestimmte Rechtsordnung und unterliegt damit der Kontrolle durch deren Organe. Zu einer psychologischen Betrachtung des Vertrages gehört damit unlöslich die Einbeziehung der Vorstellungen und Tendenzen der zu Lenkung und Entscheidung Berufenen, die für den Fall mitbedacht werden müssen, daß eine Vereinbarung nicht zu dem angestrebten Erfolg führt. Aber wie, ist mit Rother[119] zu fragen, soll die Daseinssorge als vornehmliche Triebkraft vertraglicher Gestaltung in den Bereichen der Gesetzgebung, der Justiz und der wissenschaftlichen Behandlung des Rechts wirksam sein? Denn ein eigenes Interesse an dem konkreten Vertragsgegenstand hat der Rechtsstab nicht, allenfalls im Blick darauf, daß ein funktionierendes Vertragswesen insgesamt für den Staat von erheblicher Bedeutung ist. Bei dem Bemühen um eine sachgerechte Lösung eines Streitfalles aber zeigt sich

---

[118] Rother, S. 32.
[119] Rother, S. 34.

3. Die Übung als Strukturelement des Rechts

beim Rechtsanwender eine ganz ähnliche Tendenz, wie sie bei den Vertragschließenden deutlich wurde[120]. Er muß, neben dem konkreten Fall immer mit Blick auf den Konsens der Rechtsgemeinschaft, in seiner Entscheidung ein geistiges *Wagnis* auf sich nehmen[121]. Ein Wagnis insofern, als jedenfalls die Entscheidungen von Obergerichten Auswirkungen auf zahlenmäßig nicht abschätzbare, z. T. überhaupt nicht vorauszusehende gleichgelagerte Sachverhalte haben können, die der Entscheidende mit einzuberechnen suchen muß.

Angesichts dieses Risikos regt sich die tief in der menschlichen Natur und Entwicklung angelegte Scheu vor dem Unbekannten, eine Tendenz zur Zurückhaltung und Vermeidung unbedachten Handelns und damit letzten Endes wieder das Streben nach möglichster Sicherheit des Lebens und seiner Betätigungsformen[122]. „Diese eingeborene Sorge und Furcht (die ihm in vielen Fällen nützlich ist und ihm oft das Leben rettet) veranlaßt den Menschen, zunächst das Bekannte, durch Gebrauch und Überlieferung Gefestigte und Bestätigte zu respektieren und erst von diesem Bewußtseinsbesitz ausgehend zu versuchen, das Neue zu bewältigen. Das bedeutet nicht den Verzicht auf Mut und Initiative, auch nicht die Verneinung jener Tugenden, die wir dem Menschengeschlecht gern zuschreiben und die uns Bedingung für seinen Fortschritt zu sein scheinen: Neuerungsstreben, Entscheidungsfreude, Planungs- und Entdeckerdrang. Denn diese Qualitäten besitzen im Rahmen menschlichen Normaldaseins Ausnahmecharakter. Für die alltägliche Mehrheit der Entschließungen ist ihr ständiger Gebrauch weder erforderlich noch zu empfehlen[123]." In erster Linie beruht die Rettung des Menschen vor den Gefahren, die ihn umgeben, auf der Bewahrung und Wiederverwendung von überkommenen Wissensbestandteilen und Verhaltensregeln. „Auf diese Bewußtseinsinhalte muß er zurückgreifen können, wenn ihm das noch Unbewältigte begegnet. Das Streben nach Fortschritt und Neuerung tritt demgegenüber quantitativ deutlich zurück und ist auch dort, wo es notwendig und von Erfolg ist, nur als Gegenposition zum üblichen Bewußtseinshabitus, als Fortführung und Ausbau dieses geistigen Grundzustandes zu begreifen[124]." Die riesige Anzahl von naturwissenschaftlichen Entdeckungen und Erfindungen der letzten Jahrhunderte, die um so schneller ansteigt, je weiter die Wissenschaft vordringt, zeigt, daß der Mensch vorwiegend durch das Festhalten des früher Erfahrenen und Gewußten seiner Selbsterhaltung dient[125].

---

[120] Ebenda.
[121] Rother, S. 35.
[122] Ebenda.
[123] Ebenda.
[124] Rother, S. 35.
[125] Rother, S. 36.

Diese bewahrende Grundhaltung, die das unbewiesene Neue meidet, ist also, wie in jeder anderen Geistesbetätigung, so auch im Recht und im Umgang mit dem Recht wirksam[126].

4. Die psychischen Wurzeln der vier Rechtstatsachen in ihrem Zusammenhang

Am Beispiel des Vertrages wird damit deutlich, daß auch die älteste und ursprünglichste Rechtstatsache, die Übung, in einer spezifischen psychischen Grundtendenz des Menschen wurzelt. Wenn heute auch außerhalb der Familie die innere Ordnung von Verbänden zumeist durch Vertrag, Satzung, Rechtssatz oder Verfassung bestimmt wird, so entscheidet doch dann, wenn im Einzelfall Zweifel entstehen oder eine Lücke vorhanden ist, die Übung, bei der es sich nach Eugen Ehrlich nicht etwa um Gewohnheitsrecht handelt, sondern um die bloße Faktizität des Sozialablaufs, die Regelhaftigkeit[127]. Mit dem Rückgriff auf die Übung wird das schon Bekannte und Bewährte zwecks Sicherung der Zukunft zur Norm erhoben.

Betrachtet man nun die vier Rechtstatsachen bezüglich ihrer psychischen Verwurzelung, so erkennt man eine Verflechtung vornehmlich in der Weise, daß die Übung sich auf die Anerkennung von Herrschaft, Besitz und die durch Willenserklärung geschaffenen Beziehungen oder anders gewendet die Anerkennung des bestehenden Zustands und der gegebenen Herrschaftsbereiche und Rechtszuständigkeiten[128] bezieht. Umgekehrt dient die Willenserklärung dazu, bestehende Herrschaftsbeziehungen, Besitzstände und die allgemeinen Lebensverhältnisse entweder durch deren Bestätigung oder aber durch deren Veränderung zu gestalten.

Im Sinne einer Schematisierung läßt sich auch sagen, daß der Herrschende und der Besitzer gleichermaßen ihre Positionen mit deren Faktizität „begründen" bzw. mit Billigung durch die Rechtsordnung rechtfertigen.

Nimmt man die oben erwähnte Erweckung des Besitzverhaltens durch Übertragung der mütterlichen Autorität auf die Beziehungen des Kindes zu Dingen hinzu, lassen sich die Rechtstatsachen Besitz und Herrschaft einerseits und Willenserklärung und Übung andererseits jeweils als Begriffspaare verbinden unter dem Gesichtspunkt des entwicklungsmäßigen Schrittes, den die Ausbildung von Besitzempfinden und Ver-

---

[126] Ebenda.
[127] Ehrlich, Grundlegung, S. 69.
[128] Rother, S. 40.

4. Die psychischen Wurzeln der vier Rechtstatsachen

innerlichung von Besitzregeln hin zur rationalen Gestaltung bei gleichzeitiger Orientierung an der Faktizität des Sozialablaufs bedeutet. Abschließend ist daher nochmals festzuhalten, daß nicht nur den als soziale Institutionen vorgestellten Rechtstatsachen Besitz und Willenserklärung, sondern auch Herrschaft und Übung eine eigene psychologische Dimension zukommt.

Unbewußtes Verhalten, Fühlen, das Vorhandensein ausfüllensbedürftiger und -fähiger Dispositionen, Denken in vorgegebenen Strukturen lenken nunmehr den Blick auf die biologische Verfassung des Menschen. Im folgenden ist daher zu untersuchen, von welchen biologischen Determinanten und in welcher Hinsicht die den vier Rechtstatsachen unterliegenden Verhaltensweisen abhängig und bestimmt sind.

III. Die biosoziologische Dimension der vier Rechtstatsachen

1. Der Gerechtigkeitssinn als Kontrollmechanismus für das Rechtsverhalten des Menschen

In der Studie Damons waren die Kinder bemüht, zwischen den eigenen Wünschen und denen ihres sozialen Umfeldes anhand verbindlicher, „gerechter" Maßstäbe einen Ausgleich zu finden und dann daraus, wenngleich in einem engen Rahmen, Regeln für zukünftiges Verhalten abzuleiten. Dies ist der Ausgangspunkt für die ontogenetische Entwicklung des Rechtsverhaltens des Einzelnen.

Eine verläßliche Ordnung aber wird nur erreicht, wenn alle oder die überwiegende Mehrzahl der Mitglieder einer Gruppe gleichermaßen fähig und willens sind, verbindliche Regeln für das eigene Verhalten umzusetzen, das heißt: deren Wirksamkeit ist vom allgemeinen Rechtsverhalten, d. h. vom Antwortverhalten gegenüber Regeln und Rechtssätzen, abhängig[1].

Man kann einem Gesetz gehorchen, es umgehen oder ignorieren, oder man kann das Gesetz brechen. Ein Gesetz ist aber nur dann effektiv, wenn die Mehrzahl derer, die davon betroffen sind, ihm Folge leisten; je größer deren Zahl ist, desto effektiver ist das Gesetz.

Die Motivationen, die zur Befolgung eines Gesetzes führen, lassen sich in drei Hauptkategorien einteilen[2]: die erste Kategorie ist die Erwartung positiver oder negativer Sanktionen des Rechtsstabs; ein zweites Motiv erscheint in Form von peergroup pressure und Rangordnung innerhalb der Gruppenorganisation: Gehorsam gegenüber dem Gesetz ist wahrscheinlicher, wenn uns jemand beobachtet; je einflußreicher der Beobachter ist, desto wahrscheinlicher ist unser Gehorsam. Diese beiden Arten der Motivation sind verstandesgemäß bedingt: sie können auf der Basis von Kosten-Nutzen-Kalkulationen analysiert werden und erklären z. B. den Gehorsam gegenüber gewissen Verwaltungsvorschriften wie etwa Parkverboten.

---

[1] Gruter, Die Bedeutung der Verhaltensforschung, S. 19.
[2] Gruter, The Origins of Legal Behavior, S. 44.

1. Der Gerechtigkeitssinn als Kontrollmechanismus

Aber das Antwortverhalten des Einzelnen gegenüber Gesetzen auf anderen Rechtsgebieten wie beispielsweise dem Familienrecht, Gesetzen, die die Regelung des Glücksspiels, der Prostitution oder der Geburtenkontrolle betreffen, wird oft durch Ideologien oder durch religiöse Motivationen beeinflußt. Das ist die dritte Kategorie der Motive: innere Werte, die „innere Stimme", Loyalität, Legitimität. Diese Gruppe der Motive wird durch den Gerechtigkeitssinn des Einzelnen und die Vorstellungen von Gerechtigkeit innerhalb seiner Sozietät beeinflußt[3].

Diese Gerechtigkeitsvorstellung kann im Hinblick auf den kontinuierlichen Wandel, dem die Umgebung des Menschen unterworfen ist, nie ein konstanter, fixierter Maßstab sein; „im Gegenteil, er muß durch einen dynamischen cerebralen Mechanismus geformt werden, der im Einzelnen von den Sinneswahrnehmungen stimuliert und aktiviert wird, und der gleichzeitig auf diese Eindrücke nach den Regeln des biologisch programmierten Verhaltens reagiert"[4].

Der Zusammenhang zwischen dem kulturell geprägten und psychisch erfahrbaren Begriff „Gerechtigkeit" und einem in der Natur des Menschen angelegten Steuerungsmechanismus für das Rechtsverhalten wird deutlich, wenn man das sprachliche Gebilde „Gerechtigkeits-Sinn" zunächst gedanklich trennt[5]. „Sinn" für sich genommen ist nämlich schon dem Sprachgebrauch nach — wie die „fünf Sinne" — der biologischen Sphäre des Menschen zugeordnet.

Der Zugang zu der biologischen Dimension der vier Rechtstatsachen und damit zur These, daß Recht in manchen Bereichen um so effektiver ist, je mehr es sich an biologischen Gegebenheiten orientiert, soll deshalb über eine Annäherung an das Phänomen des „Gerechtigkeitssinnes" erschlossen werden. Als Ansatzpunkt dafür dient das jedermann nachempfindbare persönliche Erleben von „Schuld" oder „schlechtem Gewissen", etwa bei oder nach einer bewußten Gesetzesübertretung.

a) Vom Ursprung des Schuldgefühls

Die Verletzung fremder Rechtszuständigkeiten kann gewiß aus den unterschiedlichsten psychologischen Motiven heraus erfolgen. Über die Gesetzwidrigkeit bzw. Strafwürdigkeit wird sich der bewußt handelnde Täter zumeist im Klaren sein. Wie weit er über den moralischen Unwert seiner Tat nachdenkt, „Schuld" wirklich empfindet oder ein „schlechtes Gewissen" verspürt, ist von Individuum zu Individuum ver-

---
[3] Gruter, The Origins of Legal Behavior, S. 44.
[4] Gruter, Die Bedeutung der Verhaltensforschung, S. 20.
[5] Ohne eindeutig mit einer tieferen Bedeutung versehen zu sein, findet sich dieser Begriff jedenfalls in allen Kultursprachen.

schieden und hängt wesentlich von der Art und den Umständen der Tat ab.

Wenn ein (zurechnungsfähiger) Täter einmal überführt ist, so wird sich sein Verteidiger darum bemühen, das Geschehen als notwendiges Ergebnis „unglücklicher Umstände" und die Persönlichkeit des Angeklagten als ein Produkt von Anlage und Umwelt, seiner erbbiologischen Beschaffenheit, seines Milieus und seines Schicksals darzustellen. Dennoch führt die richterliche Überzeugung, daß ein anderer in gleicher Lage die Tat nicht begangen haben würde, zum Schuldspruch[6]. Zudem ist der vorsätzlich handelnde Täter meist selbst überzeugt, daß er sehr wohl auch anders hätte handeln können, und „versteht", daß seine Tat ihm als schuldhaft vorgeworfen wird; sofern er nicht in einer Notlage gehandelt hat, in der er nach §§ 32—35 StGB gerechtfertigt wäre, wird er sich nicht schon mit der „Determiniertheit" seines Verhaltens durch seine Persönlichkeit von Schuld frei fühlen[7].

Es stellt sich hier nun die Frage, woher dieses Erleben von Schuld rührt. Wir gehen eben nicht von einem rigorosen, streng kausalgesetzlich ablaufenden Determinismus menschlichen Verhaltens aus, sondern bejahen grundsätzlich eine individuelle Willensfreiheit.

Dem steht aber keineswegs entgegen, nach einem „Sinn" zu forschen, der in gewisser Weise neurologisch lokalisierbar ist, der wie andere „Sinne" von cerebralen Prozessen gesteuert wird und in diesem Zusammenhang naturwissenschaftlicher Betrachtung zugänglich ist.

Individuelle Willensfreiheit setzt gerade einen „Mechanismus" im menschlichen Gehirn voraus, der den Menschen in die Lage versetzt, sein Verhalten anhand wertmäßig (i. S. v. „gut" — „böse") bestimmter „Kriterien" zu steuern, die einer vorgegebenen Disposition (i. S. v. „richtig" — „falsch") entsprechen[8]. Es muß also wenigstens die Unterscheidungsfähigkeit für alternatives Handeln in der Art eines *ausfüllungsfähigen* und *-bedürftigen* „Rahmens" angelegt sein. Aber damit allein läßt sich menschliches Verhalten noch nicht nach konkreten Anforderungen steuern, sondern es muß eine spezifische Wertvorstellung hinzutreten. Beide Kategorien hängen inhaltlich von sozialen Bedürfnissen ab (wozu auch biologische gehören) und werden durch deren

---

[6] Siehe auch Rother, S. 49—51.
[7] Rehfeldt / Rehbinder, S. 62.
[8] „Falsch" ist zu verstehen als ein abweichendes Verhalten von einer sozialen Forderung. Zur Norm erhoben kann diese rein kulturell begründet sein, nur mittelbaren Bezug zur biologischen Verfassung des Menschen haben oder unmittelbar biologische Zusammenhänge anerkennen und lediglich rechtlich schützen, wie z. B. im Familienrecht das Eltern-Kind-Verhältnis. Als „richtig" erweist sich eine Handlung, die mit einer Norm in Einklang steht oder zumindest neutral dazu erscheint.

1. Der Gerechtigkeitssinn als Kontrollmechanismus

jeweilige kulturabhängige Bewertung als „gut" oder „böse" qualifiziert[9].

Diese wertmäßige Bestimmung findet sich in Gesetzen und Auslegungsregeln, nach denen ein Mensch im Rechtssinne „schuldig" gesprochen wird. „Moralische" Schuld lädt er auf sich, wenn er außerrechtliche Regeln der Sitte und des Anstands mißachtet und dadurch andere enttäuscht, verletzt oder beleidigt.

„Schuldig fühlen" kann er sich aber nur nach Maßgabe der Internalisation eines Wertes bzw. des Wissens um ein Gebot. Er muß wissen oder wenigstens in seinem Unterbewußtsein ahnen, daß ein bestimmtes Handeln oder Unterlassen von ihm gefordert werden konnte und wird. Und vor allem muß er, wenn nicht schon von der prinzipiellen Richtigkeit dieser sozialen Forderung, so doch davon, daß er sich dementsprechend hätte verhalten können, überzeugt sein. Wer „sich keiner Schuld bewußt" ist, wird eine Strafe oder sonstigen Nachteil als „ungerecht" empfinden.

Andererseits bedarf das Empfinden von Schuld keiner Publizität. Gerade in höchstpersönlichen Bereichen, die einer rechtlichen Beurteilung nicht mehr zugänglich sind[10], wenn es sich um moralische, gesellschaftliche oder familiäre Verpflichtungen handelt, wird Schuld besonders heftig empfunden.

Dieses Empfinden setzt ein Objekt voraus, auf das es sich beziehen kann. Wenn in einer zweiseitigen Beziehung auch der Grund des Schuldempfindens einen höchst individuellen und einzigartigen Charakter hat, so bleibt doch, von seinem Inhalt losgelöst, ein „Sollen" — begriffen als überindividuelles Phänomen — an Stelle einer allgemeinverbindlichen Norm erhalten. Das Schuldgefühl wird so gesehen stets von einem „Reiz" der „Außenwelt", der als Reflex eigenen Verhaltens (zurück-) wirkt, ausgelöst, der ein Auseinanderfallen von verinnerlichten, als verbindliche Sollensangebote angesehenen Werten und tatsächlichem eigenen Verhalten signalisiert und damit ein „gefühlsmäßiges" Defizit hervorruft.

---

[9] Unterschiedliche Strafrahmen beispielsweise für Vergehen und Verbrechen entsprechen einer Skala von Bedürfnissen einer Gesellschaft. Verkehrszeichen sind nur technische Hilfsmittel einer Massengesellschaft; wenn ein Fußgänger nachts auf einer verkehrsfreien übersichtlichen Straßenkreuzung ein Rotlicht nicht beachtet, so wird dies nur als ein geringfügiger Regelverstoß ohne Sozialschädlichkeit angesehen. Anders beim Diebstahl: zwar ist die jeweilige Definition des Tatbestandes wandelbar, die bewußte Wegnahme einer Sache berührt jedoch vitale Interessen jeder Gesellschaft. Daß die Tötung von Artgenossen dem sozialen Wesen des Menschen und seinem Angewiesensein auf den anderen diametral gegenübersteht, liegt auf der Hand; dementsprechend finden wir in allen Rechtsordnungen höchste Strafandrohungen für Mord.
[10] Vgl. oben, S. 47.

b) *Das Problem neurologischer Lokalisierung*

Das Empfinden von Schuld erscheint dennoch nur als ein Indiz für das Vorhandensein eines Gerechtigkeitssinnes. Es bleibt das Problem, daß ein derartiger Mechanismus nicht in der Weise eindeutig neurologisch lokalisierbar ist wie beispielsweise der Geruchssinn. Schon die Komplexität und die Variabilität möglicher Werte sowie die relativ lange Zeit, die der junge Mensch zu deren Internalisation benötigt, deuten auf ein höchst verwickeltes und, entsprechend der geistigen und moralischen Entwicklung des Kindes, sich etappenförmig ausbildendes System.

Deshalb stellt sich zunächst die Frage nach möglichen parallelen Tendenzen hinsichtlich des zeitlichen Auftretens und des stufenförmigen Verlaufs seiner Ausgestaltung mit anderen genetisch vorgesehenen Lerndispositionen wie hauptsächlich der Sprache (Sprachfähigkeit, „Sprachmuster").

c) *Frühe Erfahrungen und sensible Perioden in der frühkindlichen Entwicklung von Verhaltensmustern*

In der heutigen Psychologie ist die Vorstellung einer Aufeinanderfolge von einzelnen Stadien der Entwicklung grundlegend[11]. Diese physischen und psychischen Entwicklungsprozesse bedeuten stets einen Wechsel von einem Zustand zum nächsten, so wie es von Damon für die Ebenen der Entwicklung des „positive-justice"-Denkens dargestellt wurde, und nicht nur Größenzunahme. „Die Gesetze, die die Entwicklungsprozesse steuern, können in den verschiedenen Stadien verschieden sein, und also müssen wir die Prozesse der verschiedenen Stadien als vielleicht nach verschiedenen Gesetzen ablaufend betrachten, wenn auch nur, weil sich in jedem dieser Stadien unterschiedliche Dinge entwickeln[12]."

Derartige Lerndispositionen werden in bestimmten, aufeinanderfolgenden Entwicklungsstadien aktuell und inhaltlich ausformbar. Ihre inneren Gesetzmäßigkeiten des Ablaufs können, unabhängig von der Art des Lernens, insoweit generalisiert werden, als bei einer Unterbrechung des Lern- oder Reifeprozesses das jeweils in der schnellsten Änderung oder Organisation Begriffene betroffen wird; dazu gehören neben körperlichen Merkmalen ebenso Intellekt und Persönlichkeit[13].

Offensichtlich laufen bestimmte Lernprozesse leichter und schneller in einem bestimmten Alter ab als in einem anderen. Das bedeutet, daß

---

[11] Hess, Prägung, S. 82; über Wissenschaftsgeschichte und Stand der Psychologie zu Früherfahrungen und sensiblen Perioden und deren Einfluß auf späteres Verhalten, siehe Hess, S. 61—82.

[12] Hess, S. 82.

ein Kind gegenüber gewissen Aspekten seiner Umwelt in einem bestimmten Alter viel empfänglicher ist als vorher oder nachher[14].

Wenn in einem solchen Stadium äußere Bedingungen die volle Realisation dessen, was sich gerade entwickelt — beispielsweise das Auge, die Aneignung eines Wortschatzes oder die Fähigkeit, Laute einer gesprochenen Sprache genau zu unterscheiden —, beeinträchtigen, kann sich dieses Merkmal nicht unbehindert entwickeln. „Daher ist die Vorstellung spezieller Sensibilität auf bestimmten Stadien extrem wichtig, nicht nur für die Embryologie, sondern auch für die Kindesentwicklung und für tierisches Verhalten[15]." Deshalb ist die richtige Entwicklung in einem jeden Stadium absolut notwendig, damit sich das nachfolgende Stadium optimal entwickeln kann. Dieses Prinzip gilt gerade für die geistige Entwicklung. Einer der Gründe, sagt Hess[16], weshalb dieses Prinzip für die geistige Entwicklung so bedeutsam ist, scheint darin zu liegen, daß die neurale Entwicklung, die der geistigen zugrundeliegt, selber dem Gesetz in Stadien gegliederter Entwicklung unterliegt. Die Vorstellung bestimmter Sensibilitäten in bestimmten Stadien schließt aber auch ein, daß nicht alle sensiblen Perioden denselben Regeln folgen, auch nicht alle gleichartig sind, so wie es beträchtliche Unterschiede hinsichtlich ihrer Dauer und ihres tatsächlichen Einflusses auf die gesamte Entwicklung gibt.

aa) Hauptkategorien sensibler Perioden

In der Verhaltensentwicklung werden mindestens drei Hauptkategorien sensibler Perioden unterschieden[17]: Erstens sind dies „kritische Perioden", kurze Zeiträume, in denen bestimmte Erfahrungen gemacht werden müssen, deren Einflüsse danach resistent bleiben. Bei Ausbleiben dieser Erfahrungen zeigt sich anomales Verhalten[18]. Zweitens kann man sensible Perioden als „empfindliche Perioden" (auch „sensitive Perioden" oder „sensible Phasen" genannt) einordnen. Darunter wird ein Zeitraum verstanden, während dessen ein Tier gegenüber bestimmten Reizen extrem empfindlich reagiert und auf sie hin angeborene Reaktionen ausführt. Die empfindliche Periode ist also die Zeit, während der ein Tier ein spezifisches Objekt lernt, auf das dann bestimmte angeborene Verhaltensweisen gerichtet werden[19].

---

[13] Ebenda; vgl. Hassenstein, Was Kindern zusteht, S. 17.
[14] Hess, S. 82.
[15] Hess, S. 83.
[16] Ebenda, unter Verweis auf Carl H. Delacato, The Diagnosis and Treatment of Speech Reading Problems.
[17] Diese Typisierung ist aber nicht als endgültige Klassifizierung zu verstehen, sondern als Arbeitsgrundlage in dem Bemühen um eine einheitliche Terminologie, Hess, S. 85.
[18] Hess, S. 83.

III. Die biosoziologische Dimension der vier Rechtstatsachen

Die dritte Klassifizierung von sensiblen Perioden ist die von „optimalen Perioden". Darunter fällt die Beobachtung, daß ein Kind oder ein Tier zu bestimmten Zeiten am empfindlichsten auf gewisse Aspekte der Umwelt reagiert und so besonders bereitwillig auf bestimmte Lernsituationen eingeht, auch wenn das Erlernte nicht notwendig von Bestand sein muß und die Lernfähigkeit prinzipiell auch weiterhin erhalten bleibt. Ein solches Lernen kann auch zu anderer Zeit erfolgen, geht dann aber weniger leicht und effektiv oder vollständig vor sich. Offenkundig ist dies beim Menschen der Fall beim Erlernen einer Sprache. Zwar beginnt ein Kind schon relativ bald nach seiner Geburt, mit seiner Umwelt lautmalerisch zu kommunizieren, aber erst zwischen dem zweiten und dritten Lebensjahr ist es in der Lage, eine Sprache richtig zu erlernen. Diese Fähigkeit nimmt dann in oftmals erstaunlichem Maße und in relativ kurzer Zeit zu[20]. Andererseits fällt es nach dem neunten Lebensjahr im allgemeinen immer schwerer, eine Sprache richtig auszusprechen und benutzen zu lernen[21].

Neben einigen Fällen sensibler Perioden und sehr schneller Bindung, die erst spät im Leben auftreten, liegt die überwiegende Mehrzahl aller sensiblen Perioden in frühen Lebensabschnitten; es ist einfach vorteilhafter für einen Organismus, die große Menge seiner Verhaltensanpassungen, die er für das Überleben in seiner Umwelt braucht, in einer Phase von Wachstum und Verhaltensdifferenzierung durchzuführen. Beide beruhen auf Organisationsprozessen. Das bedeutet, daß es immer schwieriger wird, ein System umzuändern, sobald es sich organisiert, gleichgültig, ob es sich dabei um sich teilende Zellen des Embryos oder die Organisation einer Verhaltensweise handelt[22].

Neben der Vorstellung entscheidender Stadien oder sensibler Perioden bleibt auch das Prinzip des Vorrangs früher Erfahrungen relevant. In einigen der vielen sensiblen Perioden, besonders der kritischen, die früh im Leben des Kindes oder des Tieres liegen, bestimmt die erste relevante Erfahrung am nachdrücklichsten das zukünftige Verhalten[23]. Man kann daher vom Prinzip des Vorranges von Früherfahrungen innerhalb der sensiblen Perioden[24] ausgehen.

---

[19] Hess, S. 84; der Bindungsprozeß des Säuglings an seine Mutter ist zeitlich an eine „aufnahmefähige Reifezeit", eine sensible Phase, gebunden, vgl. Hassenstein, Was Kindern zusteht, S. 10; Bindung = prägungsähnliche Lernprozesse, Hassenstein, Was Kindern zusteht, S. 102.
[20] Vgl. Hassenstein, Was Kindern zusteht, S. 35 f.
[21] Hess, S. 84.
[22] Hess, S. 85, 86.
[23] Hess, S. 86.
[24] Zuerst formuliert von William James, What is an Instinct?, in: Scribner's Magazine, 1887, 1, S. 355—365.

bb) Entwicklung des Gerechtigkeitssinnes in „optimalen Perioden"

Es erscheint als zweifelhaft, ob beim Menschen eine „Prägung" auf Werte im Sinne ethologischer Objektprägung während einer kritischen Periode ebenso wie hinsichtlich rechtlichen Verhaltens eine angeborene Reaktion auf während einer sensiblen Phase gelernte Reize angenommen werden kann. Hassenstein[25] stellt schon in Frage, ob der Begriff der Prägung überhaupt auf den Menschen angewendet werden sollte und führt dazu aus: „Wenn es beim Menschen unwiderruflich festliegende Prägungsengramme gibt, so ist er kraft seiner *Entscheidungsfreiheit* (Hervorhebung vom Verfasser) ebenso von ihnen unabhängig, wie er auch *angeborenen* Verhaltenstendenzen nicht unbedingt folgen muß. Doch braucht er Willenskraft, um sich von prägungsbedingten und angeborenen Verhaltenstendenzen freizumachen"[26].

Wenn diese Entscheidungsfreiheit den Menschen — prinzipiell — in die Lage versetzt, auch in einer *Wahlsituation* ein Prägungsengramm zu „überwinden", so ist das entscheidende Kriterium der „Prägung"[27] nicht mehr erfüllt.

Bösel[28] verweist darauf, daß beim Menschen viele Instinkthandlungen durch Verhaltenstraditionen und Gewohnheiten ersetzt sind.

Wegen der Schwierigkeit, beim Menschen Versuche zum Nachweis sensibler Phasen und zum Nachweis der Extinktionsresistenz von Verhaltensweisen durchzuführen, müsse man sich darauf beschränken, prägungsähnliche Vorgänge zu suchen, die u. a. folgenden Kriterien genügen:

1. Hinweise auf vergleichsweise rasche und unter Anspannung begünstigt ablaufende, zukünftiges Verhalten determinierende Prozesse,
2. Hinweise auf die Existenz zugehöriger sensibler Phasen.

---

[25] Hassenstein, Verhaltensbiologie des Kindes, S. 341.
[26] Im Zusammenhang mit der Übertragung des verhaltensbiologischen Begriffs „Prägung" auf den Menschen verweist Hassenstein, Verhaltensbiologie des Kindes, S. 341/342, darauf, daß Lernprozesse mit unwiderruflichem Ergebnis beim Menschen von Sigmund Freud erkannt und als *Fixierung* bezeichnet wurden. Unabhängig von der Benennung sei es eine reine (und wichtige) Forschungsfrage, ob es sensible Phasen beim Menschen gebe, in denen sich unwiderrufliche Auslöseschemata bildeten, die später nur mit Willenskraft zu kompensieren seien. Um diesen Forschungen nicht durch die Anwendung festliegender Begriffe vorzugreifen, schlägt Hassenstein vor, für den Menschen — außer dem Begriff der Fixierung — den Begriff „prägungsähnliches Lernen" zu verwenden.
[27] Vgl. Hassenstein, Instinkt, Lernen, Spielen, Einsicht, S. 103.
[28] Bösel, Ethologische Aspekte menschlichen Verhaltens, S. 110.

III. Die biosoziologische Dimension der vier Rechtstatsachen

Diejenigen Prozesse, die den genannten Kriterien genügen, bezeichnet Bösel[29] als „prägungsähnliche Phänomene" und regt an, auch solche Prozesse noch unter diesen Begriff fallen zu lassen, die nicht nur in einer, sondern in einer Reihe von sensiblen Phasen zustande kommen und nicht irreversibel, sondern nur schwer extingierbar sein müssen[30].

Diese Erweiterung ermöglicht den Brückenschlag zu den von Damon gefundenen Ebenen des „positive-justice"-Denkens[31]. Dort hatte sich gezeigt, daß von einem bestimmten Alter an das Gerechtigkeitsempfinden, wenngleich in fließenden Übergängen, so doch in unterscheidbaren, aufeinander bezogenen Etappen entwickelt wird, indem jeweils phasenspezifische Werte und Gerechtigkeitsvorstellungen gelernt werden (müssen), auf deren relative Resistenz später hinzutretende angewiesen sind[32].

Demnach liegt es nahe, eine sensible Periode für die Anfänge der Ausbildung eines Gerechtigkeitssinnes wegen dessen selektiven Wertes für ein geregeltes und friedliches Zusammenleben auf frühen Entwicklungsstufen zu suchen. Was wir als „gerecht" empfinden, richtet sich in bestimmten Bereichen nach den „erlernten" Wertvorstellungen unserer Umwelt, die zudem ständiger, meist langsamer, mal eruptiver Wandlung unterworfen sind; zudem lernen wir diese über einen längeren Zeitraum. Daraus kann gefolgert werden, daß sich die Entwicklung eines Gerechtigkeitssinnes über eine oder mehrere „optimale Perioden" erstrecken dürfte.

Wir müssen also davon ausgehen, daß mehrere zeitlich verschieden ablaufende, inhaltlich aufeinander aufbauende Lern- und Entwicklungsprozesse auf einer bestimmten Stufe der psychischen Ontogenese sich zu einem Wirkelement eigener Qualität verbinden. Ist dieser „zusammengesetzte" Mechanismus einmal so weit entwickelt, daß er in das Bewußtsein tritt, d. h. bei einer von dem Menschen geforderten Handlung oder Unterlassung aktiviert wird und ihn in seinem Verhalten bestimmt oder zu bestimmen sucht, dann wird er virulent als das, was man im allgemeinen Sprachgebrauch als „Gewissen" bezeichnet.

---

[29] Bösel, S. 111.

[30] Dem entspricht wohl auch der Begriff einer „prägungsähnlichen Fixierung" ethischer Grundeinstellungen in sensiblen Phasen der Kindesentwicklung von Eibl-Eibesfeldt, Liebe und Haß, S. 39.

[31] Siehe oben, II. 1. c).

[32] Spezifische biologische Grundlagen dieser Prozesse, insbesondere der Einfluß hormoneller Veränderungen der Pubertät auf die Dimensionen des Gerechtigkeitsempfindens werden unten unter III. 2. d) und e) erörtert.

d) „Gewissen" und „biologisches Gewissen"

aa) Die Lehre vom „biologischen Gewissen"

Der Neurologe Constantin von Monakow stellt in seiner Abhandlung „Die Syneidesis, das biologische Gewissen"[33] die „Forderung" auf, daß in jedem lebenden Protoplasma und demgemäß auch in dem „Riesenprotoplasma Mensch" eine Art psychischer, auf vitale Leistungen und Ziele eingestellter Kompaß untergebracht sein müsse, welcher unter Berücksichtigung ... der generellen Ziele des Lebens ... bei jeder latenten oder manifesten Kollision zwischen Impulsen und Gefühlen den Ausschlag und Anstoß zur Verwirklichung der besonders für das persönliche Gedeihen im erlebten Moment optimalen physiologischen bzw. biologischen Akte gebe[34]. Er nennt „diesen Kompaß resp. dieses regulierende und den momentan passenden physiologischen Vorgang im Organismus schließlich erzwingende ‚Etwas', das ... bereits unmittelbar nach Abschluß der physiologisch-biologischen Prozesse im Gehirn das *persönliche* Bewußtsein ... erweckt" „Syneidesis oder das biologische Gewissen"[35].

Nach seiner Auffassung ist die Syneidesis in jedem organisierten lebenden Protoplasma (in der ganzen Tierreihe) gesetzmäßig und tief eingepflanzt, auch wenn sie in ihrer Auswirkung je nach phylogenetischer Entwicklungsstufe, Alter, Verhältnissen zu der Umwelt, Lebensbedingungen usw. von Geschöpf zu Geschöpf sowohl hinsichtlich Inhalts, Intensität, Ablaufweise, terminaler Wirkung (kausaler Verarbeitung) außerordentlich verschieden gestaltet[36].

Von Monakow stellt das „biologische Gewissen" dem üblichen Sinn von „Gewissen" als sittlichem Bewußtsein, das Gefühl um das, was gut und böse, recht und unrecht ist, oder subjektives Bewußtsein vom sittlichen Wert oder Unwert des eigenen Verhaltens[37], gegenüber. Die begriffliche Unterscheidung von „biologischem" und — wie er sich ausdrückt — „menschlichem Gewissen"[38] birgt jedoch die Gefahr mißverständlicher Interpretation. Die eindeutige umgangssprachliche Zuordnung des Begriffs „Gewissen" zur Ebene des Bewußten könnte den

---

[33] v. Monakow, Die Syneidesis, das biologische Gewissen, in: Schweizer Archiv für Neurologie und Psychiatrie XX, 1 (1927), S. 56—91.
[34] v. Monakow, S. 63.
[35] Ebenda.
[36] v. Monakow, S. 78; im Vergleich zu dem blind wirkenden Geschehen der anorganischen Welt deckt sich der Begriff „biologisches Gewissen", verstanden als Selbstregulation alles Lebendigen, inhaltlich weitgehend oder vollständig mit der biologischen Entelechie von Hans Driesch.
[37] Stichwort „Gewissen", in: Schischkoff, Philosophisches Wörterbuch.
[38] v. Monakow, S. 62.

Vorwurf der Integrationsebenenverwechslung begründen, obwohl es das Anliegen von v. Monakow war, die *unbewußte*, die vegetative biologische Basis des menschlichen Gewissens herauszuarbeiten.

Deutlicher und dem Postulat der niveauadäquaten Terminologie[39] entsprechend bringt dies M. Minkowski[40] in seinem Nachruf auf v. Monakow zum Ausdruck: das „biologische Gewissen" umschreibt die auf biochemischer Grundlage ablaufende *Autoregulation der Funktionen*, die „das optimale harmonische Gleichgewicht zwischen verschiedenen instinktiven Werten respektive den Ausgleich bei einer Kollision verschiedener Instinkformen bewirkt"[41]. Als „Instinktformen", die er auch als Triebe bezeichnet, beschreibt v. Monakow den „formativen Instinkt" (der bloße Lebenswille des Fötus), den Selbsterhaltungsinstinkt, den Sexualinstinkt, als „höhere" den sozialen und den religiösen Instinkt, die, je nach ihrer Eigenart, in verschiedenen Stadien der Ontogenese entwickelt, beherrscht, in soziale Beziehung gesetzt werden müssen[42].

Durch die analytische Unterscheidung des Autoregulationsmechanismusses als der *angeborenen Bedingung zur sittlichen Möglichkeit* von der notwendigen wertinternalisierenden Ontogenese soll deutlich gemacht werden, daß auch derjenige Teil des Bewußtseins, der sich auf die Wertung des menschlichen Verhaltens bezieht und deshalb „sittliches Bewußtsein" genannt wird, ebenso wie andere Bewußtseinsinhalte wie z. B. „Gedächtnis" oder „Sprachvermögen", auf physiologisch-biologische Prozesse zurückgeführt werden muß, damit im Gehirn das persönliche Bewußtsein ... erweckt wird[43].

Nach der Lehre vom „biologischen Gewissen", deren vorläufigen hypothetischen Charakter v. Monakow selbst in der Zusammenfassung

---

[39] v. Holst, Zur Verhaltensphysiologie bei Tieren und Menschen, Bd. I, S. 234.

[40] Minkowski, Constantin von Monakow, in: v. Monakow, Gehirn und Gewissen, S. 74.

[41] Von der Entwicklungsstufe der höheren Tiere an bis hin zum Menschen sind für Antriebe, deren Befriedigung dem *Individuum* das Aufrechterhalten seiner Lebensprozesse sichert (zum Nahrungserwerb, zur Wasseraufnahme, zum Atmen, zur Harn- und Kotabgabe) und für Antriebe, die das *Überleben der Art* sichern (zur Paarung mit Geschlechtspartnern und zur Jungenaufzucht) starke *gegenwärtige Impulse* ausgeprägt und repräsentiert: Hunger, Durst, Sexualdrang und deren Befriedigung, um deretwillen Tiere und Menschen handeln. „Die Antriebe sind gleichsam die *Stellvertreter* für die Anliegen der Erhaltung des Individuums und der Fortpflanzungsgemeinschaft (= Art). In die Lebewesen sind stellvertretende ‚intrinsische' Werte eingepflanzt", Hassenstein, Evolution und Werte, in: Kreuzer / Riedl (Hrsg.), Evolution und Menschenbild (in Vorbereitung). In diesem Sinne muß man vom Standpunkt der modernen Verhaltenswissenschaften die Vorstellungen von v. Monakow korrigieren.

[42] v. Monakow, S. 58 f.

[43] Hirsch, Zur juristischen Dimension des Gewissens, S. 57.

1. Der Gerechtigkeitssinn als Kontrollmechanismus

herausstreicht, hat auch der „Gewissensruf", ähnlich wie andere physiologisch-biologische Vorgänge, eine eigene morphologische Werk- oder Ursprungsstätte, bevor er in das Bewußtsein tritt. Diese im Gehirn lokalisierte „Werkstätte" beherbergt den „Kompaß" für das als Steuerungssystem zuständige Gebilde „Gewissen"[44].

Die Reize, die in diesen „Regelkreis" gelangen, sind „in der Instinktwelt (i. e. dem Triebinventar) in Verbindung mit verschiedenen Kausalitätsformen zu suchen, die zur Bildung von festeren, nach Zwecken geordneten psychischen Werten führen"[45].

Der verstandesgesteuerte Mensch, obwohl er möglicherweise noch sein volles Instinktrepertoire besitzt, gebraucht dieses aber nur noch teilweise. Mit der Fähigkeit, in einem instinktiven Verhaltensbereich die Lern- oder Verstandessteuerung anzuwenden, ging die *Instinktsicherheit* verloren: Der Mensch kann in den Bahnen des Instinkts *oder* verstandesgesteuert handeln und ist darin nicht prinzipiell festgelegt[46].

Diese Ambivalenz und damit die Unsicherheit der Verhaltensorientierung birgt für die komplizierten, in vielen Bereichen auf verstandesmäßige Steuerung angewiesenen menschlichen Interaktionsfelder die Gefahr sozialer Insuffizienz. Zur Verwirklichung seiner sozialen Natur ist der Mensch daher gezwungen, auch wenn er sich partiell zugunsten von mehr instinktbetonten Verhaltenstendenzen entscheidet[47], verstandesbetonte zwischenmenschliche Verhaltensregeln zu internalisieren.

---

[44] Hirsch, Zur juristischen Dimension des Gewissens, S. 58, verbindet nun „Werkstätte", „Kompaß" und „Steuerungssystem" zu einem „Regelkreis" und gelangt so zu der Vorstellung, daß ein „Rezeptor" bestimmte Reize aufnimmt und in Erregungen umsetzt. Über bestimmte Nervenbahnen gelangen diese Erregungen zu dem „zuständigen" Kompaß und werden dort mit einem „Sollwert" verglichen. Sofern sie diesem entsprechen, bleibt das Gewissen latent, anderenfalls ergeht der sog. „Gewissensruf". Voraussetzung dafür ist aber nicht das Vorhandensein eines Rezeptors, sondern dessen Einstellung auf ganz bestimmte Reize. „Denn der Ruf des Gewissens mahnt nur den, der anläßlich einer ... an ihn gerichteten Herausforderung sich dem für ihn evidenten Gebot absoluten Sollens ausgesetzt fühlt, dieser aktuellen Herausforderung nicht zu entsprechen."
In seinem neuesten Aufsatz über „Die Steuerung des menschlichen Verhaltens" (Juristenzeitung 1982, S. 41—47) bezeichnet Hirsch das Gewissen als ein Organ im Menschen, das automatisch-instinktiv das Verhalten steuere; es arbeite ähnlich einem Computer und besitze wie dieser einen „selbständigen Reglermechanismus": damit ersetzt Hirsch zutreffenderweise den angreifbaren Begriff „biologisches Gewissen". Zurückhaltung jedoch erscheint geboten, das Gewissen ohne weitere Klärung als Organ vorzustellen. Nicht, weil den Schaltkreisen des Autoregulationsmechanismus nicht Organqualität im biologischen Sinne beizumessen wäre, sondern weil damit der auf die bewußte Ebene bezogene Inhalt mit dem vegetativen Mechanismus vermengt wird.
[45] v. Monakow, S. 72.
[46] Hassenstein, Verhaltensbiologie des Kindes, S. 219/220.
[47] Vgl. Hassenstein, Verhaltensbiologie des Kindes, S. 219/220.

III. Die biosoziologische Dimension der vier Rechtstatsachen

Wie wir oben gesehen haben, enthält das menschliche Verhalten Elemente, die entweder angeboren oder durch Lernen erworben, aber miteinander verschränkt sind. Dann „muß der ‚Sollwert' des Kompasses so eingestellt sein, daß das sittliche (persönliche) Bewußtsein des Menschen nur dann durch einen Gewissensruf ‚erweckt' wird, wenn zumindest gegen *angeborene* Elemente des Verhaltens verstoßen wurde oder werden soll"[48].

bb) Die Lokalisierung angeborener Verhaltensprogramme

Diese angeborenen Elemente oder genetischen Programme, nach denen Vorstellungen von Gut und Böse, Recht und Unrecht entwickelt werden, bilden ihrerseits gleichsam die Bausteine des Gewissens.

Von der Verhaltensforschung wissen wir, daß die angeborenen Verhaltensprogramme — im Gegensatz zu den erlernten Verhaltensformen — an einer ganz bestimmten Stelle des Gehirns lokalisiert sind: „Die Stufe für Stufe abgelaufene Evolution hatte zur Folge, daß heute alle Verbindungen zwischen dem Großhirn und der Außenwelt durch die älteren Gebiete, durch das Zwischenhirn und den Hirnstamm laufen. Stirnhirn und übrige Hirnrinde mögen noch so hoch entwickelt und vervollkommnet sein. Sie haben keinen direkten Zugang zur Außenwelt. Jede Information, die bei ihnen eintrifft, hat vorher das Zwischenhirn mit seinen eigenen archaischen Gesetzen gehorchenden Zentren passieren müssen ... (Es ist) unmöglich, menschliches Verhalten zu verstehen, wenn man diesen entscheidenden Zusammenhang nicht durchschaut und seine Konsequenzen durchdacht hat[49]." Diese ererbten Strukturen mit ihren angeborenen Verhaltensprogrammen sind zwar hinsichtlich ihres Inhalts und Umfangs erstarrt, aber immer noch wirksam[50]. Faktische Verhaltensweisen bedürfen im Hinblick auf das Überleben eines bestimmten Gesellschaftsintegrates einer Bewertung anhand von Wertmaßstäben. Diese werden sowohl aufgrund der im Sozialleben gemachten Erfahrungen als auch durch Zielvorstellungen bestimmt[51]. Die danach zum Überleben notwendigen (oder als notwendig erachteten) und dementsprechend sanktionierten Gebote und Verbote können auch durch Anpassung, durch adaptives Verhaltenslernen im Erbgut verankerte Verhaltensregeln sein. „Auch im Erbgut verankerte, angeborene Verhaltensweisen kann man als Vorschriften auffassen[52]." Die Anzahl der im Erbgut verankerten, d. h. angeborenen

---
[48] Hirsch, Zur juristischen Dimension des Gewissens, S. 63.
[49] Von Ditfurth, Der Geist fiel nicht vom Himmel. Die Evolution unseres Bewußtseins, S. 254.
[50] Hirsch, Zur juristischen Dimension des Gewissens, S. 64.
[51] Hirsch, Zur juristischen Dimension des Gewissens, S. 65.
[52] Wickler, S. 11.

1. Der Gerechtigkeitssinn als Kontrollmechanismus

(als biologisches Gewissen im Zwischenhirn lokalisierten) „Verhaltensprogramme" kann nur gering, ihre Bedeutung für das Überleben einer Spezies als Sozietät muß aber um so wichtiger gewesen sein[53]. „Die Zehn Gebote sind dafür ein naheliegender Modellfall[54]."

cc) Das Bezugsfeld angeborener Verhaltensprogramme

Die nach diesen Programmen formulierten Weisungen betreffen die von Wickler unter Bezug auf Haag[55] herausgearbeiteten stets wiederkehrenden kritischen Stellen im tierischen Sozialleben, die durch moralanaloges Verhalten geregelt sind:

1. Traditionsübermittlung und Autorität, die Beachtung der Alten.
2. Das Töten von Artgenossen.
3. Die sexuellen Partnerbeziehungen.
4. Besitz und Eigentum.
5. Zuverlässige, „wahre" Verständigung[56].

Gerade diese Punkte werden auch in allen menschlichen Gesellschaften durch Gebote markiert[57]. In diesem Sinne reduziert sich der Umfang dieser Gebote auf Phänomene wie Falschaussage, Diebstahl, Betrug, Ehebruch und Mord, deren Begehen von allen umfassenden Moralsystemen als schuldhaftes Verhalten betrachtet wird und von allen Rechtsordnungen — abgesehen vom Ehebruch, der in jüngster Zeit in vielen Staaten nicht mehr strafbar ist — strafrechtlich verfolgt wird.

dd) „Kultureller" und „biologischer" Normenfilter

Bei diesen im Erbgut verankerten Sollensgeboten handelt es sich aber lediglich um archaische Formen, die im komplizierten menschlichen Interaktionsfeld zur Verhaltenssteuerung nicht ausreichen. Deshalb müssen diese „Urgebote" durch die Internalisation kultureller Ausdifferenzierungen ihren spezifischen funktionellen Gehalt bekommen. Insofern wird in der Verhaltensforschung zwischen einem biologischen und einem kulturellen „Normenfilter" unterschieden. Durch die Verschränkung mit dem kulturellen Normenfilter bestimmt sich die inhaltliche Definition dieser Begriffe wie Falschaussage, Diebstahl usw. nach der jeweiligen Wertordnung, in deren Geltungsbereich diesen „Grundstrukturen" zuwidergehandelt wurde.

---

[53] Hirsch, Zur juristischen Dimension des Gewissens, S. 66.
[54] Wickler, S. 11.
[55] Haag, Der Dekalog, in: Moraltheologie und Bibel, S. 9—38.
[56] Wickler, S. 74.
[57] Ebenda.

Der biologische Normenfilter kann zwar durch den kulturellen überdeckt, aber nicht ausgelöscht werden. „Daher kommt es zu einem Normenkonflikt, in dessen Verlauf der kulturelle Filter sich sowohl zeitweise als der stärkere erweisen kann, der biologische aber nichtsdestoweniger seine Wirkung behält. Als Folge davon verspürt der Mensch ‚schlechtes Gewissen', und zwar in allen Kulturen[58]."

Aber selbst ein Rest schlechten Gewissens kann durch eine kulturelle Aufprägung unterdrückt und verarbeitet werden[59]. Der Inhalt des Gewissens wird danach zum Teil von dem Verhältnis bestimmt, in dem der biologische zum kulturellen Normenfilter steht. Ohne eine wertmäßige Bestimmung bleibt das „Gewissen" letztlich der angeborene, aber durch äußere Einflüsse inhaltlich modifizierbare „Sinn für Gerechtigkeit"[60].

Ob man den Steuerungsmechanismus nun als „Sinn für Gerechtigkeit" oder als „Gerechtigkeitssinn" bezeichnet, gemeint ist, daß der Mensch nicht als „tabula rasa" auf die Welt kommt, sondern daß er für die Ausbildung und Ausgestaltung dieses Sinnes bereits die latente Anlage und einen „biologischen Ansatz" mitbringt.

2. Die Beziehung der vier Rechtstatsachen zu angeborenen Verhaltensprogrammen

a) Spezifische Zentren im Gehirn

Die von Wickler[61] dargestellten kritischen Stellen im tierischen und menschlichen Sozialleben decken sich zum Teil mit den von Eugen Ehrlich beschriebenen Rechtstatsachen:

Traditionsübermittlung und Autorität, die Beachtung der Alten beziehen sich auf die Rechtstatsachen „Übung" und „Herrschaft"; Besitz und Eigentum wird als einer der Kernpunkte sozialen Lebens direkt angesprochen; „zuverlässige, ‚wahre' Verständigung" betrifft die Rechtstatsache „Willenserklärung", speziell die „vertragliche Ab-Sicherung"[62].

---

[58] Eibl-Eibesfeldt, Menschenforschung auf neuen Wegen. Die naturwissenschaftliche Betrachtungsweise kultureller Verhaltensweisen, S. 263.
[59] Hirsch, Zur juristischen Dimension des Gewissens, S. 72 f.
[60] Hirsch, Zur juristischen Dimension des Gewissens, S. 75/76, der diesen Begriff von Ehrenzweig, Psychoanalytische Rechtswissenschaft, S. 218 ff. übernimmt.
[61] Wickler, S. 74.
[62] Die Punkte 2. und 3., das Töten von Artgenossen und die sexuellen Partnerbeziehungen, die oben unter II. 1. b) ebenfalls in einen mittelbaren Zusammenhang mit Besitz und Herrschaft gestellt wurden, wären geeignet, das hier vorgestellte Modell zu erweitern, wie es in der Einführung angedeutet wurde.

2. Die Rechtstatsachen und angeborene Verhaltensprogramme

Bestehen Anhaltspunkte dafür, daß den Rechtstatsachen von Eugen Ehrlich im menschlichen Gehirn lokalisierbare spezifische Zentren und neurophysiologische Abläufe unterliegen? Das hätte nach dem Gesagten zur Folge, daß (kulturelle) Rechtsschöpfungen, durch die ja in vielen Fällen das Befolgen biologisch vorgegebener Verhaltenstendenzen begrenzt bzw. in bestimmte Bahnen gelenkt werden soll, bei der Nichtbeachtung der spezifischen Wirksamkeit der biologischen Komponenten von Übung, Besitz, Herrschaft und Willenserklärung in ihrer Effektivität entscheidend gehemmt oder gar völlig sinnlos sein könnten. Deshalb, weil nicht die bloße Tatsache des „Angeborenseins" etwa „eines Strebens nach Besitz" diese fundamentale Bedeutung hätte, sondern weil durch den Aufbau und das Funktionieren des Gehirns alles menschliche Handeln davon in der einen oder anderen Weise beeinflußt wird, so wie es in dem Zitat von v. Ditfurth[63] angeklungen ist.

b) Neurophysiologische Zusammenhänge

Dazu soll auf einigen neueren Forschungsergebnissen des Neurologen Paul D. MacLean aufgebaut werden. Zunächst muß man sich damit vertraut machen, daß sich im menschlichen Gehirn drei unterscheidbare und in gewisser Hinsicht eigenständige Hauptteile feststellen lassen[64]. Diese drei Teilhirne bezeichnet er als „Reptilian", „Paleomammalian" und „Neomammalian"[65] (siehe Abb. 1).

Die beiden ältesten Teile des menschlichen Gehirns, so argumentiert MacLean, sind denen von Tieren sehr ähnlich; deshalb sei es durchaus zulässig, bei Tierbeobachtungen gewonnene verhaltenswissenschaftliche Ergebnisse in gewisser Weise auf menschliche Verhältnisse anzuwenden[66]. Demgegenüber vertritt Ashley Montagu die Ansicht, daß die

---

[63] Fußnote 49.

[64] „In its evolution the human forebrain has expanded to a great size while retaining the basic features of three formations that reflect our ancestral relationship to reptiles, early mammals, and recent mammals (Abbildung 1). Radically different in structure and chemistry, and in an evolutionary sense countless generations apart, the three formations constitute a hierarchy of three brains in one, or what may be called for short a *triune* brain", MacLean, A Mind of Three Minds: Educating the Triune Brain, S. 308 f.

[65] „Dreieinig" bedeutet auch, daß das „Ganze" größer ist als die Summe seiner Teile, da mit dem Austausch von Informationen unter den drei Formationen jede eine größere Zahl von Informationen erlangt als wenn sie nur allein arbeiten würde.

[66] „On the basis of the behavioral observations of ethologists, it might be inferred that the reptilian brain ‚programs' certain stereotyped behavior according to instructions based on ancestral learning and ancestral memories. In other words, it seems to play a primary role in instinctually determined functions such as establishing territory, finding shelter, hunting, homing, mating, breeding, forming social hierarchies, selecting leaders and the like", MacLean, Alternative Neural Pathways to Violence, in: Larry Ng (Hrsg.), Alternatives to Violence, S. 25, 28.

III. Die biosoziologische Dimension der vier Rechtstatsachen

Abb. 1: Die drei Entwicklungsstufen des Gehirns, die in der Evolution des Großhirns der Säugetiere Bestandteil des menschlichen Erbes geworden sind. Das Gehirn der Ursäuger (Paläomammalia) entspricht dem sog. limbischen System oder visceralen Gehirn. Dieses hat beim höherstehenden Säuger, wie auch beim Menschen, wichtige Funktionen des affektiven Verhaltens übernommen.

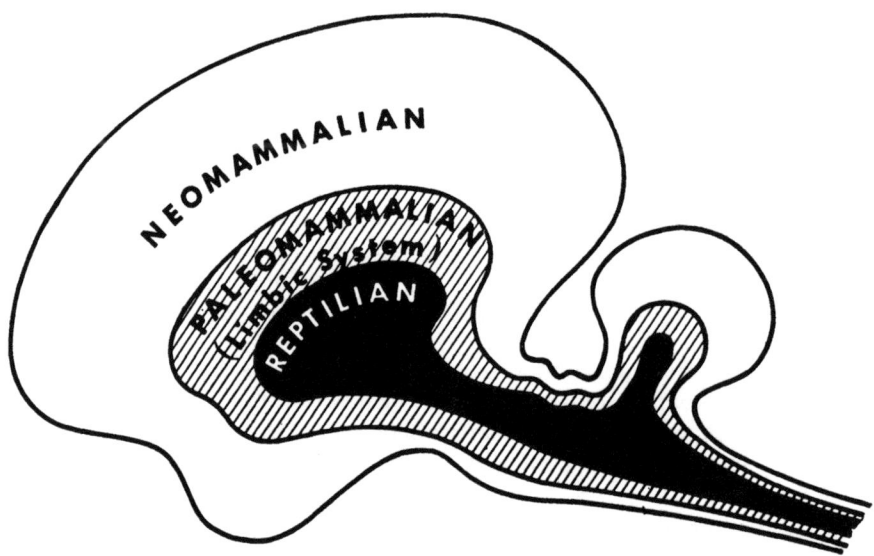

Aus: Paul D. MacLean, The Brain in Relation to Empathy and Medical Education, in: Journal of Nervous and Mental Disease 144 (1967), S. 374—82.

Ethologie die Schlußfolgerungen MacLeans in keiner Weise unterstütze[67]. Insbesondere hebt er darauf ab, daß es mehr als fünftausend verschiedene Arten von Reptilien gibt, die die ganze Skala von aggressivem zu nicht aggressivem und von territorialem zu nicht territorialem Verhalten ausfüllen. Schon deshalb ließen sich dafür keine Generalisierungen für die gesamte Familie der Reptilien ableiten. Und selbst wenn sich bei allen Reptilien gemeinsame Verhaltensweisen, speziell bezüglich aggressivem und territorialem Verhalten, finden ließen, so hält Montagu es doch, vor allem wegen der enormen genetischen Veränderungen in dem langen Zeitraum der Entstehung der Säugetiere aus dem Reptilienstamm, für äußerst unwahrscheinlich, daß irgendwelche Formen festgeprägten Verhaltens, die, wie er einräumt, unsere Reptilienvorfahren in grauer Vorzeit gekennzeichnet haben, als die Grundlagen für menschliches Verhalten bis heute erhalten geblieben sind[68]. Auch wenn MacLean darin zuzustimmen sei, daß das Reptiliengehirn

---

[67] Montagu, The Nature of Human Aggression, S. 209.
[68] Montagu, S. 210.

2. Die Rechtstatsachen und angeborene Verhaltensprogramme

über einen unzureichenden Lernmechanismus verfügt, mit neuen Situationen fertig zu werden, ginge es doch nicht an, aus dieser Feststellung Schlüsse auf den Menschen zu ziehen, das, wie er hervorhebt, am meisten erziehungsfähige Wesen. Während der Evolution des Gehirns seien nur wenige Strukturen völlig ausgeschaltet worden; aber während neue sich entwickelten, seien die alten bezüglich ihrer Bedeutung und relativer Größe reduziert worden, „although many of the connections and pathways remain" (!). Dennoch sei es völlig verkehrt, aufgrund der Tatsache ähnlicher Hirnstrukturen bei Reptilien und Menschen den Schluß zu ziehen, menschliches Verhalten müsse zwangsläufig reptilähnlich sein[69].

Mit dieser Kritik wird MacLean jedoch mißverstanden. Ungeachtet ihrer verschiedenen Eigenarten müssen die drei Teilhirne zusammenarbeiten und insofern spielt das „reptilian brain" auch nur zum Teil seine Rolle. Es geht MacLean darum, das Spezifische bestimmter Verhaltensweisen des Menschen mittels vergleichender Verhaltensforschung und neurologischer Experimente an Tieren herauszuarbeiten und im Blick auf Eigenart und Funktion in den Subsystemen des Gehirns bzw. in ihrem Zusammenwirken zu lokalisieren[70].

aa) Der „R-Komplex"

Das eigene Steuerungssystem des „Reptilian" befindet sich in einer Zusammenballung von Nervenknoten am Unterteil unseres Gehirns. MacLean bezeichnet diese als „R-Komplex"[71].

Durch die histofluoreszierende Technik von Falck und Hillarp[72] gelang es, in diesem Teil eine große Anzahl von Dopaminen nachzuweisen; Dopamin, das chemisch zur Klasse der Catecholamine gehört, ist ein Neurotransmitter, eine Substanz, die Signale von einer Nervenzelle am Ende einer Nervenfaser auf die nächste Nervenzelle überträgt[73].

---

[69] Montagu, S. 212.
[70] MacLean, The Brain in Relation to Empathy and Medical Education, in: Journal of Nervous and Mental Disease, 144 (1967), S. 374 ff. (375); ders., Cerebral Evolution and Emotional Processes: New Findings on the Striatal Complex, in: Annals of the New York Academy of Sciences, Vol. 193 (1972), S. 137 ff. (140, 147); siehe auch die „Discussion" im Anschluß an diesen Aufsatz, S. 148/149.
[71] MacLean, A Mind of three Minds, S. 313.
[72] Falck / Hillarp, On the Cellular Localization of Catecholamines in the Brain, in: Acta Anatomica 38 (1959), S. 277—279.
[73] Dopamin spielt in dem von James Olds (Scient. Am., Okt. 1956, S. 105) und Aryeh Routtenberg (Scient. Am., 239, S. 154) beschriebenen System von Zentren für Lustempfindungen im Gehirn eine besondere Rolle als Neurotransmitter. Die im ganzen Gehirn verzweigten Bahnen dieses Systems, das an Stimmungsschwankungen und Charakterbildung beteiligt ist, sind im Bereich des R-Komplexes in einer Art Relaisstation verbunden.

Säugetier-ähnliche Reptilien, die vor hundert Millionen Jahren die Erde bevölkerten, sind längst ausgestorben. Die ihnen noch am nächsten stehenden sind wohl die heute lebenden Echsen wie besonders der Kommododrachen. Experimente mit Eidechsen[74] weisen darauf hin, daß der R-Komplex notwendig ist für das Imponierverhalten, das diese Tiere bei der Verteidigung zeigen.

Versuche mit „Squirrel Monkeys", die zu den Primaten zählen und beachtliche Parallelen in ihrem Imponiergehabe zu dem von Reptilien zeigen, erbrachten, daß Eingriffe in die neueren Teile des Gehirns keinen Einfluß auf rituelles Verhalten hatten, eine teilweise Zerstörung des pallidalen Teils des R-Komplexes oder die Unterbrechung seiner Bahnen jedoch nachhaltige Veränderungen bewirkten. „I have used the mirror display test as a means of learning what parts of the brain are involved in display rituals. In experiments involving more than 100 monkeys I have found that *extensive destruction* of the *new mammalian* and *old mammalian may have no effect*, or only a transitory effect, on the display. *Incomplete destruction of the pallidal part of the R-Complex*, however, *or interruptions of its pathways*, result in a *profound alteration* or elimination of the display[75]." (Hervorhebungen vom Verfasser.)

Die Ergebnisse dieser Experimente sind insofern von großem Interesse, als sie zeigen, daß auch bei Säugetieren der R-Komplex eine spezifische Rolle im Verhalten spielt.

Zusammen mit den Versuchen mit Eidechsen weist dieser Befund darauf hin, daß sowohl bei Reptilien als auch bei den sehr viel höher entwickelten Primaten der R-Komplex bei non-verbalem ritualistischen Verhalten grundlegend beteiligt ist[76].

Darüber hinaus steht der R-Komplex auch in Zusammenhang mit natürlichen Formen des Imitierens. MacLean verwendet „Imitation" gleichnishaft für die nachgeahmt erscheinenden Verhaltensweisen von Tieren, die — wie Reptilien — gar nicht nachahmen können, sondern bei denen alle Verhaltensweisen angeboren sind[77]. Wenn man daraus schließen muß, daß in diesen älteren Teilen des Gehirns auch unsere Fähigkeit und unsere Neigung zu routinemäßigem Verhalten wurzelt[78],

---

[74] MacLean, Greenberg, Ferguson, A Neuro-ethological Study of Display Behavior in Lizards, in: Society for Neuroscience 2 (1976), S. 689.

[75] MacLean, A Mind of Three Minds, S. 318 f. m. w. N.

[76] MacLean, A Mind of Three Minds, S. 319.

[77] „In circular language, one might define a species as a group of animals that has genetically acquired the perfect ability to imitate itself. It cannot be overemphasized that isopraxis (gleichartiges Kommunikationsverhalten) is basic for maintaining the identity of the species or a social group", MacLean, A Mind of Three Minds, S. 329 m. w. N.

[78] MacLean, A Mind of Three Minds, S. 321.

2. Die Rechtstatsachen und angeborene Verhaltensprogramme

dann bedeutet dies nicht, daß der Mensch wie ein Reptil spezifischen Verhaltensmustern bedingungslos unterworfen ist. Ganz sicher muß man die Funktion des R-Komplexes im Zusammenhang mit den neueren Teilen des Gehirns sehen, die nicht beziehungslos ein Eigenleben führen, sondern der Tendenz zur Koordination folgen.

Wenn Montagu[79] MacLean direkt widerspricht und schreibt, daß „the new brain has largely taken over the functions once exclusively performed by the old brain. What the so-called reptilian or old mammalian brain may be doing is generally under the scrutiny of and capable of being controlled by the new brain, the cortex", so dürften, da MacLean keineswegs die allen anderen Lebewesen weit überlegene Lernfähigkeit des Menschen vernachlässigt, die Differenzen zu einem guten Teil in einer unterschiedlichen Akzentuierung begründet sein. Aber auch der Mensch bleibt ein Lebewesen, für das es sinnvoll ist, einen einmal gegangenen und als sicher gefundenen Weg beizubehalten. Dementsprechend verhält er sich häufig und weitgehend, zumal in seinem Alltagsablauf, nach eingespielten, „erprobten" Mustern. Ohne einen besonderen Grund werden wir das einmal Eingeübte nicht ändern, sondern beibehalten. Und diese Routinehandlungen werden höchst wirksam geschützt: jeder Vorschlag zur Veränderung einer „althergebrachten Tradition" provoziert starke emotionale (und auch rational begründete) Abwehrhaltungen.

Besonders signifikant ist dies im Bereich des Rechts, und zwar in zweierlei Hinsicht: erstens wird von einer einmal gefestigten Auffassung in keiner Rechtsordnung ohne eine hinreichende Begründung abgewichen; das Suchen nach Präzedenzfällen und die Erhaltung der „Rechtssicherheit" sind wesentliche Bestandteile allen Rechtsstabshandelns. Zum anderen wird dort, wo einer allgemeinen Verhaltensweise nicht schon durch kodifikatorische Übernahme Gesetzeskraft verliehen wurde, der Faktizität des Sozialablaufs durch entsprechende „Lücken" im Gesetz Rechnung getragen. Der Begriff der „Verkehrssitte" in §§ 151, 157, 242 BGB oder die „guten Sitten" in §§ 138, 817, 819, 826 BGB berücksichtigen implizit diese Neigung des Menschen, einer geltenden Übung zu folgen, und erheben so die bloße Faktizität des Sozialablaufs[80] zu einem Sollen.

Wenn nun Montagu[81] darauf abhebt, daß das „reptilian brain" und „old mammalian brain" prinzipiell unter der Kontrolle des Cortex stehen, so deckt sich dies durchaus mit der Erfahrung, daß routinemäßiges Verhalten und Traditionen vom Willen beeinflußbar sind. Aber

---

[79] Montagu, S. 212.
[80] Rehbinder, Eugen Ehrlich, S. 30.
[81] Montagu, S. 212.

74   III. Die biosoziologische Dimension der vier Rechtstatsachen

die Erfahrung lehrt auch, daß dies bisweilen ausgesprochen schwierig ist und im Einzelfall in der Praxis als „unmöglich" angesehen wird.

Damit bleibt der Inhalt dessen, was für den Menschen als Verhaltensweise mit der Komponente einer gewissen Dauer Bedeutung erlangt, offen. Aber die neurologisch feststellbare Kapazität, Verhaltensweisen in der Weise zu „speichern", daß sie nicht ständiger Wachsamkeit des Cortex (der dadurch auch „entlastet" wird) bedürfen, ohne den Menschen in Gefahr zu bringen, und die sich daran anschließende Unflexibilität oder schwierige Veränderbarkeit von „Eingeübtem", einer „Übung", bestimmen diese zu einem Grundpfeiler, auf dem alles Recht aufbaut, zu einer „Tatsache des Rechts".

bb) Das limbische System

Die emotionale Unterstützung und Verstärkung des Gewohnten und Eingeübten findet im sogenannten „limbischen System" statt[82]. Dieser Teil des Gehirns umschließt das ältere „reptilian brain" und den Hirnstamm[83]. Durch seine engen und direkten Verbindungen mit dem Hypothalamus hat dieser alte Cortex einen weit stärkeren Einfluß auf die Funktionen der inneren Körperorgane und die endokrinen Funktionen als der Cortex. Klinische und experimentelle Entdeckungen deuten darauf hin, daß das limbische System Informationen in der Form von gefühlsmäßigen Empfindungen umsetzt und ableitet, welche ein Verhalten steuern, das für die Selbsterhaltung (Ernährung, Kämpfen) und die Fortpflanzung (bzw. die Arterhaltung) erforderlich ist[84].

Abb. 2: Das limbische System (dunkle Fläche) im Gehirn von Kaninchen (A), Katze (B) und Affe (C) als allen Säugetieren gemeinsamer Teil des Gehirns.

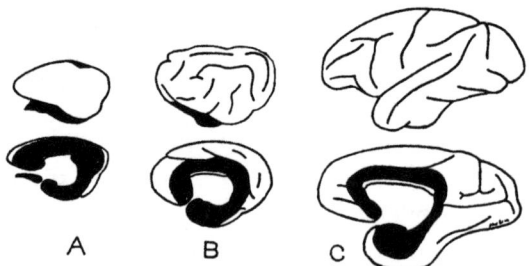

Aus: Paul D. MacLean, Studies on Limbic System and Their Bearing on Psychosomatic Problems, in: R. A. Cleghorn / Eric D. Wittkower (Hrsg.), Recent Developments in Psychosomatic Medicine, S. 101—25.

---

[82] MacLean, A Mind of Three Minds, S. 330.
[83] MacLean, A Mind of Three Minds, S. 326.
[84] MacLean, A Mind of Three Minds, S. 326.

2. Die Rechtstatsachen und angeborene Verhaltensprogramme

Abb. 3: Die erste und zweite Unterabteilung des limbischen Systems befinden sich in der unteren Hälfte der Darstellung, die dritte Unterabteilung füllt die obere Hälfte aus. Die Zahlen bezeichnen die Hauptverbindungen dieser drei Hirnbereiche zum Hirnstamm.

Abkürzungen: AT: vordere Thalamuskerne; HYP: Hypothalamus;
MFB: mittlere Verbindung zum Großhirn; OLF: Riechkerne

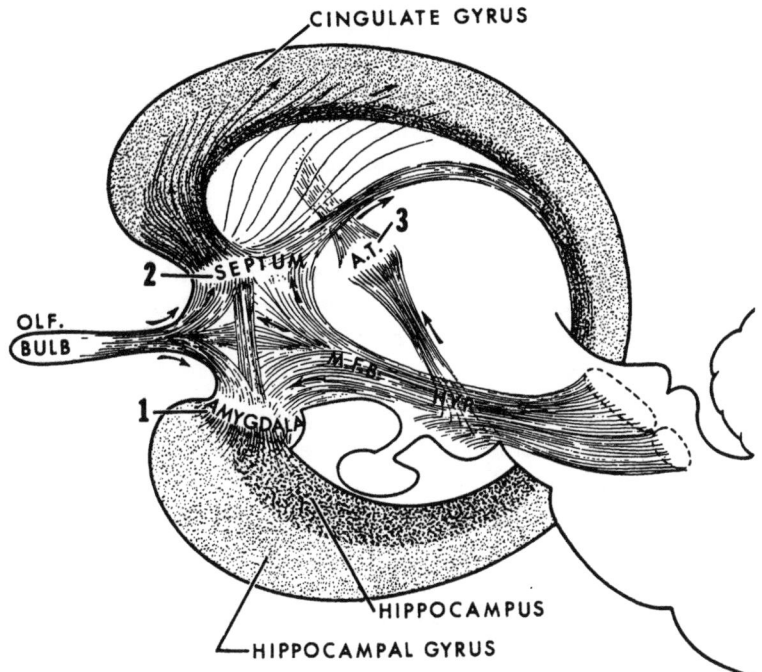

Aus: Paul D. MacLean, A Triune Concept of the Brain and Behavior, in: Th. J. Boag / D. Campbell (Hrsg.), The Hincks Memorial Lectures.

Die einzelnen Funktionen werden von drei Unterabteilungen des limbischen Systems gesteuert (siehe Abb. 2 und 3). Der erste Teil dient der Selbsterhaltung, der zweite der Fortpflanzung[85].

---

[85] MacLean, A Mind of Three Minds, S. 328; die Stimulation in der ersten Unterabteilung bei Tieren hat Reaktionen im Bereich des Mundes zur Folge, die im Zusammenhang mit der Ernährung und dem Ausdruck von Wut und Verteidigungsverhalten stehen, während eine Reizung der zweiten Unterabteilung sexuelle Erregungen und quasi-liebesvolles Verhalten hervorruft. Infolge der starken gegenseitigen Verbindung kann sich die Erregung in einer Region auf die andere fortsetzen, wodurch Wirkungen im oralen und sexuellen Bereich zusammen auftreten. Die enge Beziehung der beiden Regionen ist vermutlich auf ihre Verbindungen mit dem Geruchssinn zurückzuführen, der seinerseits in der Evolution weit zurückreicht und eine primäre Rolle sowohl für die Ernährung und das Paarungsverhalten als auch bei einem evtl. vorhergehenden Kampf spielt. Bei dem Fulvus Lemur, einer frühen Affenart beispielsweise bewirkt dieser Zusammenhang ein spezifisches

Die dritte Unterabteilung vergrößert sich bei Primaten allmählich und ist beim Menschen am stärksten ausgebildet. Seine Hauptkommunikationsstränge führen an dem Geruchsapparat vorbei. Es muß angenommen werden, daß die große Erweiterung dieses Subsystems eine Verschiebung des Gewichts von Geruchs- zu visuellen und anderen Formen der Kommunikation beim Zeugungsverhalten widerspiegelt. Versuche mit Ratten[86] ergaben, daß das Verbindungszentrum dieser dritten Unterabteilung, die corpora mammilaria, das Säugen beeinflußt, während die sie umgebenden cortikalen Zellen, die damit in Verbindung stehen, mit mütterlichem Verhalten zu tun haben. „These discoveries of parental functions become of still greater interest when it is recalled that there is no counterpart of the third subdivision in the brains of reptiles[87]."

In Anbetracht des bestimmenden Einflusses des visuellen Erfassungsvermögens auf nonverbale soziosexuelle Kommunikation muß besonders erwähnt werden, daß bei Affen beiderlei Geschlechts eine elektrische Reizung in Teilen der dritten Unterabteilung die Erektion der Genitalorgane zur Folge hat, teils mit, teils ohne Urinausscheidung[88].

D. W. Ploog und P. D. MacLean[89] haben gezeigt, daß Squirrel Monkeys ihren aufgerichteten Penis anderen Tieren als Droh- und Dominanzgebärde entgegenstrecken[90]. Hunde und Katzen, die mit einem ausgeprägten Geruchsempfinden ausgestattet sind, markieren „ihr" Territorium mit Urin.

Daß alle drei Unterabteilungen des limbischen Systems ebenso wie der Neocortex, der den Menschen zu Abstraktion und Symbolik befähigt, mit dem R-Komplex verbunden sind, erklärt, warum bei primitiven Völkern Wächterfiguren mit erigiertem Phallus zur Absteckung eines für sich beanspruchten Territoriums verwandt wurden. Der Symbolcharakter dieser visuellen Markierung hat sich auch „zivilisierten" Sozietäten in vielfältiger Weise erhalten.

---

geruchsorientiertes Begrüßungsverhalten. Bei höher entwickelten Tieren dagegen wie den Squirrel Monkeys hängt das Grußverhalten verstärkt von visueller Kommunikation ab. Dieser Unterschied ist bei der Betrachtung der dritten Unterabteilung im Auge zu behalten.

[86] MacLean, A Mind of Three Minds, S. 329 m. w. N.
[87] MacLean, A Mind of Three Minds, S. 329.
[88] MacLean, A Mind of Three Minds, S. 330.
[89] MacLean / Ploog, Display of Penile Erection in the Squirrel Monkeys, in: Animal Behavior 11 (1963), S. 32—39.
[90] Das Imponierverhalten der Schimpansen drückt sich in verschiedenen Formen aus, die teilweise sowohl zur Aggression als auch zur Einleitung der sexuellen Beziehungen benutzt werden; siehe dazu ausführlich Gruter, Die Bedeutung der Verhaltensforschung, S. 59 ff.

2. Die Rechtstatsachen und angeborene Verhaltensprogramme 77

c) Angeborenes Streben nach Besitz?

Dominanzverhalten und Markierung von Territorien bzw. von Besitz, die beide vom R-Komplex und vom limbischen System gesteuert werden und beim Menschen unter dem Einfluß des Neocortex vornehmlich durch optische Zeichengebung und verstärkt durch differenzierte soziale Beziehungshaftigkeit ausgedrückt werden, werfen die Frage auf, ob dem Menschen ein „Streben nach Besitz" angeboren ist.

In seinem Buch „The Territorial Imperative" vertritt Robert Ardrey die Ansicht, daß ein angeborener Trieb, „the instinct of territory", den Menschen dazu treibt, ein Territorium oder Besitz zu erlangen und zu verteidigen[91]. Er glaubt, daß „our attachement to property is of an ancient biological order"[92], und in der emotional unterlegten Verteidigung eines Territoriums unterscheide sich der Mensch in keiner Weise von tierischen Verhaltensweisen. „All apparent conscience (!), all cultural instruction and religious teaching concerning the immorality of killing vanish before the higher command to defend his country, and the scientist makes available to the art of murder the most intricate secrets of his trade. In the language of this inquiry we should say that he fills out from the particularity of his learning the generality of that *open instinct*, the territorial imperative"[93].

Er unterstellt dabei allerdings, daß ein territorialer Trieb, angefangen von Fischen[94] bis hin zum Menschen, in der Form genetisch festgelegter Verhaltensmuster wirkt. Von einem durchgängig territorialem Trieb kann aber in der Tierwelt — etwa bei vielen Säugetieren — überhaupt keine Rede sein. Besonders die Primaten Orang-Utan, Gorilla und Schimpanse zeigen kein territoriales Verhalten. Und was den Menschen angeht, so haben wir gesehen, daß seine Beziehung zu Land von ökologischen, sozialen, kulturellen und emotionalen Faktoren abhängt.

Im Hinblick darauf, daß die inhaltliche Unbestimmtheit angeborener Verhaltensprogramme den Menschen freigeben an emotionale und soziokulturelle Faktoren, sollte deshalb der Begriff „Instinkt" vermieden

---

[91] Ardrey, The Territorial Imperative, S. 3.
[92] Ardrey, S. 103.
[93] Ardrey, S. 28.
[94] Ardrey, S. 3, definiert ein Territorium wie folgt: „A territory is an area of space, whether of water or earth or air, which an animal or group of animals defends as an exclusive preserve. The word is also used to describe *the inward compulsion in animate beings* to possess and defend such a space. A territorial species of animals, therefore, is one in which all males, and sometimes females too, bear an inherent drive to gain and defend an exclusive property." (Hervorhebung vom Verfasser.)

werden. Wenn man bei der gegebenen Definition von „territory"[95] auf „the inward compulsion in animate being" abstellt, so bleibt im Grunde eine aufwendige Umschreibung eines natürlichen Selbsterhaltungsstrebens jeder Kreatur übrig[96].

Insofern kann man auch beim Menschen von einem „innewohnenden", „angeborenen" Streben nach Selbsterhaltung durch Sicherstellung der Lebensnotwendigkeiten sprechen, das sich aber nicht über die reine Lebenserhaltung hinaushebt, selbst wenn sich dieses Streben in Zugriff, Markierung und Verteidigung manifestiert[97].

Das Streben, etwas zu besitzen, wird durch den Grad affektiven Interesses bestimmt und relativiert; daß auch das Selbsterhaltungsstreben kein unauslöschbarer und dabei unmittelbar befehlender Trieb ist, sondern ebenfalls am Kriterium der — psychisch und rational erweckten — Affektivität zu messen ist, belegen die relativ häufigen Fälle, in denen Menschen „keine Lust mehr haben, zu leben" und sich selbst töten.

Sofern man dennoch von einem angeborenen, wenngleich bedingten Streben nach Besitz — bei dessen Steuerung dann der R-Komplex und die beiden ersten Subsysteme des limbischen Systems involviert sind — ausgeht, so genügt dies gleichwohl nicht, damit die biologische Dimension des Besitzes zu erfassen. Wenn hier von Besitz als Rechtstatsache die Rede ist, dann von Besitz als sozialer Institution.

Dieser sozialen Komponente, der triadischen Beziehung aber ermangelt sowohl der bloße Zugriff, die Markierung wie auch die Verteidigung. Markierung und Verteidigungswille müssen von dem potentiellen Konkurrenten „verstanden" werden, und es muß grundsätzlich die Fähigkeit hinzukommen, die Beziehung eines anderen zu einem Objekt zu *respektieren*.

d) Respekt vor Besitz

Kehren wir deshalb zurück zu der oben dargestellten Natur des Besitzes als dem Erkannt- bzw. Anerkanntwerden einer individuellen Beziehung durch einen „Dritten"[98]. Einem Lebewesen, das nur mit

---

[95] Fußnote 94.

[96] So gesehen steht man aber damit vor der Frage nach dem Inbegriff allen „Lebens".

[97] Vgl. Gruter, Die Bedeutung der Verhaltensforschung, S. 55, die im Zusammenhang mit der Verteidigung von Besitz von der Aktivierung latenter Verhaltensveranlagungen spricht.

[98] Vgl. Kummer, Primate Societies, S. 148: Success requires that a monkey knows and integrates the status of *all group members present* (!), and their alliances and antagonisms toward him and among each other. *Thus, a primate in his relationship with a partner, is able to use a third animal.*" (Hervorhebungen vom Verfasser.)

2. Die Rechtstatsachen und angeborene Verhaltensprogramme 79

einem R-Komplex und einem rudimentären Cortex ausgestattet ist, ist ein solches Erkennen nicht möglich, schon deshalb, weil es typische soziale Beziehungen weder zu seinen Nachkommen noch zu seinen anderen Artgenossen entwickelt.

Von den heute existierenden Reptilien kümmern sich nur Krokodile und einige Eidechsen überhaupt etwas um ihre Jungen. Bei Säugetieren, bei denen sich die dritte Untergliederung des limbischen Systems langsam entwickelt, überträgt sich die elterliche Sorge für die Jungen schließlich auf die anderen Artgenossen, eine psychologische Entwicklung, die auf die Evolution der Fähigkeit zu verantwortlichem Handeln hinausläuft[99].

An dieser Stelle soll an das angeknüpft werden, was im zweiten Kapitel zur psychologischen Entwicklung von Herrschafts- und Besitzbeziehungen ausgeführt wurde: erst wenn zwischen Mutter und Kind eine soziale Beziehung entstanden ist, kann auf diesem „Herrschaftsverhältnis" auch eine Beziehung zu anderen und später abstrakte Beziehungen zu Objekten aufgebaut werden. Dies bedeutet, erst wenn (in der Evolution) mütterliches Verhalten genügend ausgeprägt ist (bei gleichzeitig vermehrten Angewiesensein des Kindes), kann dies von anderen Artgenossen wahrgenommen werden, und erst nach diesem evolutionären (und gedanklichen Schritt) kann ein „Vermögen" oder eine „Disposition" für Besitzachtung (als regelhafte Form des Soziallebens) vermutet werden.

Die Jungen der heute lebenden Reptilien sind bereits von ihrer Geburt an voll lebenstüchtig, sie brauchen keine Anleitung oder Pflege ihrer Eltern[100]. Betrachtet man dagegen die Hilflosigkeit eines Menschenkindes, so taucht die Frage auf, auf welcher Stufe der Evolution, bei welchen Tierarten und unter welchen äußeren Bedingungen sich eine erste signifikante Verschiebung hin zu einem für die Nachkommen notwendigen Brutpflegeverhalten feststellen läßt, das mit der Verteidigung der Jungen und der Achtung des Mutter-Kind-Bandes korreliert, und zwar unter dem Aspekt einer phylogenetischen Adaption des „Respektes vor Besitz".

Einige konkrete Anhaltspunkte dafür liefern umfangreiche Beobachtungen von Affen. Margaret Gruter faßt zusammen, daß bei fast allen Primaten die Wahrnehmung der Mutter-Kind-Einheit Aggressionen inhibiert[101]. Sie schließt auf die Möglichkeit, daß inhibierende visuelle Eindrücke nicht auf die Wahrnehmung der Mutter-Kind-Einheit beschränkt blieben, als es für die Arterhaltung notwendig wurde, weitere

---
[99] MacLean, A Mind of Three Minds, S. 325.
[100] MacLean, A Mind of Tree Minds, S. 325.
[101] Gruter, Die Bedeutung der Verhaltensforschung, S. 42.

Inhibitionsmechanismen im Zusammenleben der Gruppe zu entwickeln. Die Wahrnehmung einer Personeneinheit könnte auf ein Objekt, das mit einer Person in enge Verbindung gebracht wurde, ausgedehnt worden sein und zur Entwicklung von Hemmungen beim Einzelnen geführt haben, die ihn davon abhielten, gewisse Objekte vom „rechtmäßigen" Besitzer wegzunehmen.

Jane Goodall[102] hat mehrfach beobachtet, daß auch im Rang höherstehende Schimpansen den rangniederen Nahrungsmittel nicht einfach wegnehmen, sondern darum, oft stundenlang, betteln[103]. Der Besitz eines begehrten Nahrungsmittels wird unter Schimpansen unabhängig von der Dominanzstellung manchmal respektiert; andererseits zeigen sich erhebliche Unterschiede darin, wieviel die einzelnen Schimpansen abgeben, wenn sie angebettelt werden, und offenbaren dabei auch gewisse individuelle Präferenzen. Dies scheint darauf hinzuweisen, schreibt M. Gruter, daß der einzelne Schimpanse zwischen Alternativen wählen kann und daß er eine rudimentäre Form von Besitzrecht kennt[104].

Diese bisher bei Tieren beobachteten Verhaltensweisen machen es wahrscheinlich, daß ein derartiger Respekt vor dem Besitzenden auch beim frühen Menschen vorhanden war; zunächst abhängig von der Situation und der Stärke des Verteidigungswillens des Besitzenden, selbst wenn dieser schwächer war, entwickelte sich mit zunehmender Intelligenz aus diesem Verhalten Respekt für den Besitz von Gegenständen, die für den Besitzenden affektive Bedeutung hatten. „Es ist daher mit Sicherheit anzunehmen, daß bereits vor Millionen Jahren Besitzrechte geltend gemacht wurden und als Antwortverhalten gegenüber diesen Besitzansprüchen sich ein Respekt für Besitzverhalten ausbildete[105].

Im Zusammenhang mit der Erörterung der polygynen, auf Paarbildung beruhenden Familienstruktur der Mantelpaviane, die von Kummer[106] beobachtet wurden, stellt Margaret Gruter[107] darauf ab, daß Mantelpaviane einen Mechanismus entwickelten, der ihnen die Möglichkeit gab, Exzesse aggressiven Besitzerdranges zu kontrollieren: „Besitzerdrang wurde ausgeglichen durch einen Respekt für Besitz." Daraus könnte, so fährt M. Gruter fort, geschlossen werden, daß in der Spezies Homo sapiens der Respekt für Besitz eine genetische Basis hat und mittels visueller Eindrücke ontogenetisch geformt wird.

---
[102] Goodall, Wilde Schimpansen, 1971, S. 172.
[103] Vgl. auch Gruter, Die Bedeutung der Verhaltensforschung, S. 78.
[104] Ebenda.
[105] Gruter, Die Bedeutung der Verhaltensforschung, S. 79.
[106] Kummer, Primate Societies.
[107] Gruter, Die Bedeutung der Verhaltensforschung, S. 42.

2. Die Rechtstatsachen und angeborene Verhaltensprogramme

Dies ist bislang der erste Hinweis auf die Möglichkeit einer genetischen Disposition zur Achtung von Besitz. Ohne weitere Forschungsergebnisse, die diese Vermutung erhärten könnten, muß man sich allerdings mit deren hypothetischem Charakter bescheiden.

Soviel kann aber als gesichert gelten, daß die Fähigkeit zur „Gestaltwahrnehmung" in einem unmittelbaren Zusammenhang mit der Ausbildung und Funktion der dritten Unterabteilung des limbischen Systems steht und damit gleichsam eine wesentliche biologische Determinante bildet.

Ganz im Sinne Eugen Ehrlichs umfaßt diese Gestaltwahrnehmung sowohl die Einheit Person-Objekt als auch die reine Personeneinheit wie die des Mutter-Kind-Bandes oder der Paar-Bindung, der „Urformen" der Rechtstatsache „Herrschaft".

Wenn abschließend festzustellen ist, daß dem natürlichen Drang nach Selbsterhaltung in den affektiv ausgestalteten Formen des Strebens nach personaler Beziehung und nach Besitz offenkundig mit dem entsprechenden Respekt ein wirkungsvoller Mechanismus als komplementäres Korrektiv zur Seite steht, dann ist es diese sozialbiologische Dimension, die Herrschaft und Besitz in einem zu Tatsachen des Rechts erhebt.

e) Der Neocortex

Soziale Regelhaftigkeit auf der Basis individueller Gegenseitigkeit bedarf der Fähigkeit, einen eigenen „Willen" zu entwickeln; diese wird mit der Ausbildung des Neocortex möglich, mit dem es die Natur bereits höher entwickelten Säugetieren ermöglicht, sich rasch auf die für das Überleben entscheidenden Anforderungen oder Veränderungen der Umwelt einstellen zu können[108].

Ansätze zu spezifischer Individualität bei Schimpansen, die sich in Verhaltenspräferenzen beim Teilen von Nahrung ausdrückt, wurden in den von Margaret Gruter[109] erwähnten Beispielen sichtbar. Beim Menschen, dem in erheblich höherem Maße auf individuelle Lebensgestaltung angelegten Wesen, ist der Neocortex augenfällig am weitesten

---

[108] „The massive proportions of the neocortex in higher mammals explains the designation of ‚neomammalian brain' applied to it and structures of the brain stem *with which it is primarily connected*. (Hervorhebung vom Verf.) The neocortex culminates in the human brain in which there develops a megapolis of nerve cells devoted to the production of symbolic language and the associated functions of reading, writing, and arithmetic. *Mother of invention, and father of abstract thought, the new cortex promotes the preservation and procreation of ideas*", MacLean, A Mind of Three Minds, S. 332. (Hervorhebung vom Verf.)

[109] Gruter, Die Bedeutung der Verhaltensforschung, S. 78. Diese Verhaltenspräferenzen sind auch besonders bei der Paarung vorhanden.

ausgeprägt; es bedarf im Grunde keiner weiteren Ausführungen dazu, daß die verstandesmäßige Äußerung eines auf Zukünftiges gerichteten Willens auf dieser Entwicklung des Neocortex basiert.

Die Fähigkeiten des Hörens und Sehens sind wie andere körperliche Wahrnehmungen hier lokalisiert[110]. Für sich allein operiert der Cortex zunächst wie ein „sachlich und kühl arbeitender, herzloser Computer"[111]. Was man sich aber immer vor Augen halten muß, sind spezifische funktionale Verbindungen des Cortex bzw. seiner Untergliederungen mit den älteren Gehirnteilen, dem R-Komplex und dem limbischen System.

aa) Der „prefrontal cortex"

Der entwicklungsgeschichtlich jüngste Teil des Cortex ist der sog. „prefrontal cortex". Ein Verlust dieses Cortexteils hat bemerkenswerterweise keinen Einfluß auf den in der üblichen Art gemessenen Intelligenzquotienten. MacLean weist darauf hin, daß kühl berechnete Verbrechen vom Neocortex ohne Beteiligung des prefrontal cortex gesteuert werden[112]. Die Entwicklung vom Neandertaler zum Cro-Magnon-Menschen zeigt eine stetige Entwicklung von einer niedrigen zu einer hohen Stirn, des Teiles also, hinter dem der prefrontal cortex sich befindet.

Der prefrontal cortex ist der einzige Neocortexteil, der nach innen, auf die „innere Welt" sieht; er empfängt die inneren Gefühle, die zur Identifizierung mit anderen notwendig sind; Einsicht und Verständnis, die für die planende Voraussicht auf die Bedürfnisse von anderen genauso wie die eigenen erforderlich sind, werden durch diese Entwicklung möglich; diese Fähigkeit, sich mit anderen Individuen zu identifizieren, das heißt, auch deren innere Motivationen zu verstehen, ist eine unabdingbare Voraussetzung für Reziprozität (im Sinne von sozialem Austausch), und Mitleid[113].

---

[110] „For solutions of situations that arise in the external world, nature designs the neocortex so that it receives signals *primarily from the eyes, ears, and body wall-signals,* incidentally, *that unlike those for smell and taste going to the limbic cortex,* lend themselves to amplification and radiotransmission", MacLean, A Mind of Three Minds, S. 332 (Hervorhebungen vom Verfasser).

[111] MacLean, A Mind of Three Minds, S. 333.

[112] MacLean, A Mind of Three Minds, S. 339.

[113] „There are clinical indications that the prefrontal cortex *provides foresight in planning for ourselves and others* and that it *also helps us to gain insight into the feelings of others*", MacLean, A Mind of Three Minds, S. 340 m. w. H. (Hervorhebungen vom Verfasser).

2. Die Rechtstatsachen und angeborene Verhaltensprogramme

bb) Die Verbindung des „prefrontal cortex" zum limbischen System

Dieser prefrontal cortex hat Verbindungen zu der dritten Unterabteilung des limbischen Systems, das seinerseits mit der Evolution des Brutpflegeverhaltens korreliert ist (siehe Abb. 4).

Abb. 4: Anatomische Verbindung des limbischen Systems (hell punktiert) zur Großhirnrinde über die dritte Hauptverbindungsbahn (vgl. Abb. 3).

Abkürzungen: M: Corpora mammilaria; MD: Nucleus dorso medialis; A: Nucleus anterior thalami

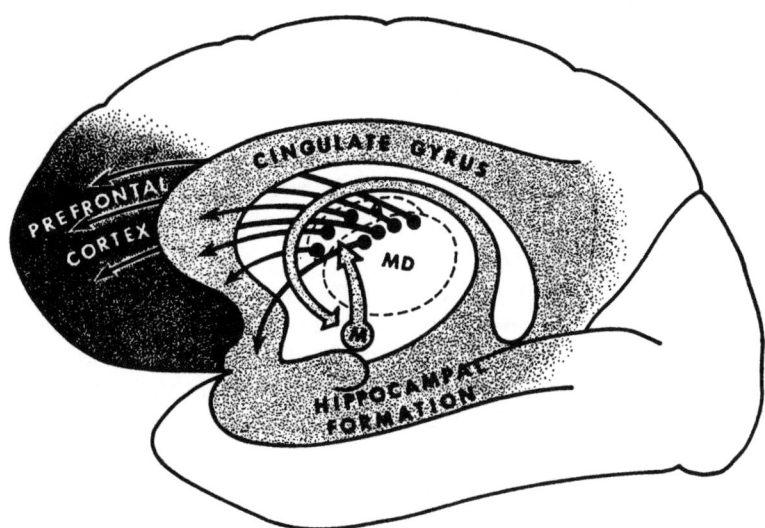

Aus: Paul D. MacLean, The Brain in Relation to Empathy and Medical Education, in: Journal of Nervous and Mental Disease 144 (1967), S. 374—82.

Es scheint nun möglich, daß dieser jüngste Teil des Gehirns seine eigentliche Funktion solange nicht oder nicht vollständig aufnimmt, bis die hormonellen Veränderungen der frühen Jugend bzw. der Pubertät eingetreten sind. Dies würde bedeuten, daß die Persönlichkeit eines Menschen auch im Jünglingsalter noch nicht voll entwickelt sein kann, d. h. Reziprozität und Altruismus, die für „Gerechtigkeit" in einer Gesellschaft von ausschlaggebender Bedeutung sind, vor Erreichen einer bestimmten Entwicklungsstufe, und das heißt einer bestimmten — biologischen! — Reife nicht erwartet werden dürfen[114].

---

[114] MacLean, A Mind of Three Minds, S. 340.

Moralische Ansichten, das Urteilsvermögen und, ohne daß MacLean dies explizit anführt, auch eigentliche Vorstellungen von „Gerechtigkeit" müssen hinsichtlich ihres Erscheinens im Zusammenhang mit diesen biologischen Prozessen gesehen werden. „There is now abundant neuroanatomical and behaviorals evidence that, *if neural circuits of the brain are not brought into play at certain critical times (!) during development, they may never be capable of functioning*[115]." (Hervorhebung vom Verfasser.) Bei Schimpansen, die in Dunkelheit aufgezogen wurden, verursachte offenbar mangelnde Stimulation eine Verkümmerung der Netzhautzellen und führte zu dauernder Blindheit[116].

Wenn auch, so folgert MacLean, das Einfühlen in andere jedenfalls zum Teil gelernt werden muß[117], fragt es sich nicht nur, auf welche Weise dies geschieht, sondern auch, ob es überhaupt je gelernt werden kann, wenn ein kritisches Alter überschritten ist; befriedigende Antworten darauf jedenfalls könnten nicht gegeben werden. Interessanterweise kommt MacLean aber an dieser Stelle zu der Vermutung, daß „the child begins to build upon his inherent capacity for empathy at the time dolls, animals, and people become *objects of affection*" (Hervorhebung vom Verfasser).

Hier schließt sich der Kreis von der Bildung personaler Beziehungen, eigenen Besitzerlebens, der Erfassung der anderen als eigenständige Individuen zu dem Einfühlungsvermögen in die Motivationen der anderen, man könnte sagen der „sozialen Besinnung". Eine Unterbrechung oder Fehlentwicklung in einem der entsprechenden Abschnitte der Entwicklung beeinträchtigt dann zwangsläufig die Persönlichkeitsentfaltung und damit auch das spätere Rechtsverhalten. Deshalb ist die Erhellung der Fragen nach biologisch vorgezeichneten und psychologisch zu verarbeitenden Entwicklungsstadien nicht nur für den Pädagogen von großem Interesse.

Jedem Juristen ist es praktische Selbstverständlichkeit, daß Kindern und Jugendlichen sowie Geistesschwachen oder -kranken sowohl zivilrechtlich als auch strafrechtlich ein ihrer geistigen und emotionalen Entwicklungsstufe entsprechender Schutz zukommt.

Diese komplexe Abfolge von Entwicklungsstadien stellt auch das Problem der Verantwortlichkeit des Erwachsenen in einen weiteren Zusammenhang, wenn bei der Beurteilung eines Fehlverhaltens nach der *Einsichtsfähigkeit* gefragt wird.

---

[115] MacLean, A Mind of Three Minds, S. 341.
[116] Kao Liang Chow, Austin H. Riesen and Frank W. Newall, „Degeneration of Retinal Ganglion Cells in Infant Chimpanzees Reared in Darkness", Journal of Comparative Neurology 107 (1957), S. 27—42.
[117] MacLean, The Brain in Relation to Empathy and Medical Education, in: The Journal of Nervous and Mental Desease, 144 (1967), S. 380.

Von gesicherten Grundlagen kann man bei diesen Überlegungen allerdings noch nicht ausgehen; man muß sich darauf beschränken, einige mögliche Zusammenhänge mit Beiträgen der biologisch orientierten Verhaltensforschung zur Lösung der Frage nach der biosoziologischen Dimension der Willenserklärung aufzuzeigen.

f) Die biosoziologische Dimension der Willenserklärung

Die wichtigste Form der Rechtstatsache „Willenserklärung" ist, wie gesagt, der Vertrag. In der Erwartung einer Gegenleistung wird eine Vorleistung bzw. ein darauf gerichtetes Versprechen abgegeben. Erfüllen kann aber nur, wer neben der Gegenseitigkeit der Handlungen auch die Intentionen seines Partners zu erkennen und anzuerkennen in der Lage ist. Ein „Vertragen" setzt grundsätzlich ein Bewußtsein voraus, welche Interessen der Partner verfolgt, sowie den Willen beider Teile, im Austausch dem anderen „Rechnung zu tragen". Mängel im *Willen* (§ 116 BGB, §§ 117, 118 BGB) oder im *Bewußtsein* (§ 119 BGB) begründen dementsprechend die Nichtigkeit oder Anfechtbarkeit des Rechtsgeschäfts; das gleiche gilt, wenn durch Täuschung oder Drohung der *freie Wille* des Individuums *nicht respektiert* wurde (§ 123 BGB) oder die Vertragschließenden sich mit dem Inhalt des Übereinkommens außerhalb der Rechtsordnung stellen (§ 138 BGB). Auch hier ist zu betonen, daß die durch das rationale Abstraktionsvermögen gegebene Gestaltungsbreite nicht nur durch den Verweis auf Sitte und Moral, sondern auch durch Grundbedürfnisse („basic needs") wie das dem Sicherheitsbedürfnis des Menschen verbundene Streben nach Besitz eingeschränkt wird. Rechtsgeschäfte, die für einen oder mehrere Beteiligte eine gewisse existentielle oder emotionale Bedeutung haben, unterliegen häufig Formvorschriften, wie beispielsweise im Erbrecht.

Dem Sicherheitsbestreben und -bedürfnis folgend führt die Nichtbeachtung dieser „Sicherungen", die einem Vertragswilligen die Tragweite seines Handelns auch wirklich „bewußt" machen sollen, konsequent zur Nichtigkeit des Vertrages (§ 125 BGB). Die in manchen Fällen erforderliche notarielle oder öffentliche Beglaubigung (§§ 126, 128, 129 BGB) fungiert als überindividuelle Kontrollinstanz (gleichsam als „öffentliches Gewissen"), wenn Individuen materielle oder ideelle Beziehungen begründen oder verändern wollen, die wegen ihrer Folgen zumindest indirekt in einem gesamtgesellschaftlichen Zusammenhang gesehen werden müssen[118]. Gerade bei der Übertragung von Grundeigentum, das zwar in der industriellen Massengesellschaft seine frühere Funktion als Wirtschaftsgrundlage weitgehend verloren hat, aber

---

[118] Eine Willenserklärung zur Übertragung von Grundstückseigentum bedarf der notariellen Beurkundung, § 313 BGB.

III. Die biosoziologische Dimension der vier Rechtstatsachen

wegen seiner Dauerhaftigkeit immer noch den Charakter besonderer Sicherheit vermittelt, wird dem Sicherungsstreben dadurch genüge getan, daß durch gesetzliche Sicherung ein wirkliches „Bewußtsein" der Auflösung sachenrechtlicher in schuldrechtliche „Besitz"-Beziehungen erreicht werden soll.

Wie weit beim Einzelnen die Fähigkeit zu selbstverantwortlichem Gestalten, und das heißt auch die Fähigkeit, andere zu „verstehen", entwickelt ist, hängt zweifellos von individueller Veranlagung und soziokultureller Umgebung ab. Hier Zusammenhänge aufzudecken, aus denen der Jurist Hinweise für die Lösung von Streitfällen erhalten kann, ist Aufgabe von Soziologen und Psychologen. Aus der Verhaltensbiologie und der Neurologie lassen sich aber bereits Erkenntnisse dafür zusammenfügen, ab welchem Entwicklungsstadium frühestens eine „Vertragsfähigkeit" zu erwarten ist:

(1) Der für altruistisches und reziprokes Verhalten zuständige Teil des Neocortex, der prefrontal cortex, ist mit der dritten Unterabteilung des limbischen Systems, die für die Ausbildung elterlicher Fürsorge verantwortlich ist, sehr eng verbunden. Wegen dieser engen Verbindung kann es sein, daß erst durch die hormonellen Veränderungen der Pubertät, von denen auch geschlechtsspezifisches „parental care"-Verhalten abhängig ist, dieses System und damit sozusagen indirekt auch der prefrontal cortex voll wirksam werden kann.

(2) Die Beobachtungen von Damon ergaben, daß bei Kindern bis zum Alter von etwa 10 Jahren von einer eigentlichen Reziprozität in ihrem „positive-justice"-Denken nicht gesprochen werden kann, also auf einer Entwicklungsstufe, die deutlich vor dem Beginn der Pubertät liegt. Insofern decken sich biologische und psychologische Ergebnisse oder widersprechen zumindest einander nicht.

(3) Altruistisches Verhalten in einem moralanalogen oder sozialethischen Sinne setzt grundsätzlich eine gewisse Eigenständigkeit des zum Wohle eines anderen handelnden Individuums voraus.

Linear dominante Hierarchien in einer Gruppe bestehen aus asymmetrischen Beziehungen zwischen den einzelnen Gruppenmitgliedern. „Strong dominance hierarchies reduce the extent to which altruistic situations occur in which the less dominant individual is capable of performing a benefit for the more dominant which the more dominant individual could not simply take at will. Baboons (Paviane) provide an illustration of this. Hall and De Vore have described the tendency for meat caught by an individual in the troop to end up by preemption in the hands of the most dominant males. This ability to preempt removes any selective advantage that food-sharing might otherwise have as a

2. Die Rechtstatsachen und angeborene Verhaltensprogramme

reciprocal gesture for the most dominant males, and there is no evidence in this species of any food-sharing tendencies[119]."

(4) Im Gegensatz dazu zeigen die Beobachtungen von Jane Goodall, daß bei Schimpansen, die eine durchbrochene Dominanzordnung haben, ein ranghöheres Tier einem rangniedrigeren Nahrung, die es sich beschafft hat, nicht einfach wegnimmt, sondern solange darum bettelt, bis der rangniedrigere ihm kleine Portionen abgibt. „No strong evidence is available that this is part of a reciprocally altruistic system, *but the absence of a strong linear dominance hierarchy has clearly facilitated such a possibility* (Hervorhebung vom Verfasser). It is very likely that early hominid groups had a dominance system more similar to that of the modern chimpanzee than to that of modern baboon[120]."

(5) Eine gewisse individuelle Eigenständigkeit erlangt der junge Schimpanse etwa im Alter von 14 Jahren, dann nämlich, wenn er kräftemäßig in der Lage ist, alle Weibchen und sehr schwache Männchen zu dominieren. Zwar bleibt für das Gruppenleben sein jeweiliger Rang, der sich aus verschiedenen Faktoren zusammensetzt (Rang der Mutter, Geschwister, Alter, Körperkraft, Intelligenz), bestimmend, aber nicht in der Weise, daß er jedem ranghöheren Tier völlig ausgeliefert wäre. Mit der aufkommenden Individualität, dem in gewissem Umfang „Anerkanntwerden" deckt sich auch die Geschlechtsreife der Schimpansen.

(6) Beim Menschen finden sich dazu gewisse Parallelen. Die ursprüngliche Dominanzordnung *Mutter—Kind* (der Einfluß des Vaters und der übrigen Familie soll hier vernachlässigt werden, da er an dem zugrundeliegenden Prinzip nichts ändert) wird mit dem Einsetzen der Pubertät entscheidend durchbrochen.

In diese Entwicklungsphase fallen denn auch verschiedene, an das Erreichen eines bestimmten Alters geknüpfte Erweiterungen von Rechten und Pflichten: mit 14 Jahren beginnt die strafrechtliche Verantwortlichkeit, § 1 JGG; mit ca. 16 Jahren endet die Schulpflicht von Staats wegen; vor allem kann ab dieser Zeit der auf die Gesellschaft bezogene Kampf um die „Ränge" (besonders im Erwerbsleben) aufgenommen werden; im Alter von 17 oder 18 Jahren, also etwa mit dem Ende der Pubertät und kurz vor Erreichen der Volljährigkeitkeit ist auch der junge Mann meist allen Frauen und alten Männern körperlich überlegen, könnte sie also — „biologisch" gesehen — dominieren.

Gewiß, die „sozio-kulturelle Geburt" (René König) formt den Menschen entscheidend, und es wäre verhängnisvoll, wollte man die enorme

---

[119] Trivers, The Evolution of Reciprocal Altruism, in: The Quarterly Review of Biology 46, S. 38.
[120] Trivers, S. 38.

Bedeutung der psychologischen Prozesse, die den Charakter und damit auch das Rechtsverhalten bestimmen, vernachlässigen; aber auch nach deren „optimalen" Verlauf bleibt davon die Vermutung unberührt, daß erst im Zuge oder nach *Ablauf bestimmter biologischer Reifeprozesse „Vertragsfähigkeit"* besteht.

Andererseits hat der Mensch aber nicht nur das Vermögen zu reziprokem Verhalten, sondern er ist auch auf dessen Gebrauch angewiesen. Er kann nicht wie ein Reptil stumpf vorgegebenen Verhaltensweisen und „Übungen" folgen; rationale Gestaltung seiner Lebensverhältnisse muß seinem sozialen Angewiesensein folgend einschließen, daß er sich „erklärt", um so in der sozialen Interaktion seine eigenen Motivationen zu offenbaren, gleichzeitig die seiner Mitmenschen zu realisieren. Die „Willenserklärung" als wichtigstes Mittel eines geordneten gesellschaftlichen Zusammenlebens hat danach ebenso wie Herrschaft, Besitz und Übung eine eigene biosoziologische Dimension.

g) Die biologischen Bedingungen der vier Rechtstatsachen als Grundstruktur des Gerechtigkeitssinnes

Die faktischen Verhaltensmuster seiner ersten und unmittelbaren Bezugspersonen, die der junge Mensch vorgelebt bekommt und an denen er sich orientieren muß, durchdringen und spezifizieren zugleich seine ersten Erfahrungen von „Herrschaft" und „Besitz"; sie bilden quasi den Sockel seiner Persönlichkeit. Die internalisierten Verhaltensmuster bestimmen Richtung und Gewicht von „Gerechtigkeits"vorstellungen, die mit der Erweckung der Fähigkeit zur „Gestaltwahrnehmung" entwickelt werden und mit der „Einsicht" in das affektive Streben anderer ihre soziale Dimension erhalten.

Die so aufs engste miteinander verflochtenen, entwicklungsmäßig voneinander abhängigen verschiedenen Verhaltensweisen, Übungen zu folgen, Besitz- und Herrschaftsverhältnisse zu begründen und prinzipiell zu respektieren und dies durch die Ausdrucksmittel der Willenserklärung zu bewerkstelligen, sind für das Verständnis von Recht und Gerechtigkeit jeweils unabdingbare Voraussetzungen.

„Recht" und „Gerechtigkeit", die Glieder dieses häufig emotionell verwendeten Begriffspaares, finden in diesem komplexen Mechanismus aus biologischen Dispositionen und psychischen Faktoren ihren gemeinsamen Ausgangspunkt.

Der Kern aller Vorstellungen „praktischer Gerechtigkeit" ist, entsprechend der biologisch-psychischen Entwicklung des Erkennens der Motivationen die *Würdigung* der Interessen aller Mitglieder einer Gesellschaft; das heißt, er umschließt als wesentliche Bestandteile

— die Befriedigung des Bedürfnisses nach Sicherheit (persönliche Integrität, Sicherstellung der materiellen Grundlage, die Verteilung begehrter Güter);

— die Anerkennung individueller (einschließlich ideeller und ideologischer) Freiräume;

— die Ziehung sozial als notwendig erachteter Grenzen,

und zwar stets unter dem Vorzeichen der ambivalenten Natur des Menschen als Sozial- und als Einzelwesen. Diese zu definieren und zu gewährleisten ist Aufgabe des „Rechts" bzw. einer konkreten Rechtsordnung; die Art und Weise, in der dies geschieht, wird immer von dem ideologischen Charakter des Rechts bestimmt.

Sobald die psychische Erweckung der biologischen Dispositionen zu gewohnheitsmäßigem Verhalten, zum Streben nach und Respektierung von Besitz und Herrschaft und zur Einsicht in die Motivationen anderer beginnt, bilden sich Vorstellungen von „Gerechtigkeit" und formieren sich zu festeren, übergreifenden Wertmaßstäben; die biologischen Bedingungen der den vier Rechtstatsachen unterliegenden Verhaltensweisen aber für sich genommen bilden den Rahmen und zugleich die Grundstruktur des „Gerechtigkeitssinnes".

3. Die Relevanz biologischer Gegebenheiten

Die vier Rechtstatsachen von Eugen Ehrlich haben sich als ein Modell erwiesen, an dem biosoziologische Strukturen des Rechtsverhaltens aufgezeigt werden können. Es ist aber auch deutlich geworden, in welchem Maße biologische Gegebenheiten zwar, um eine Formel der Philosophie zu gebrauchen, notwendige, aber nicht hinreichende Bedingungen rechtlichen Verhaltens sind: einerseits wird man die Erfüllung rechtlich geforderten Verhaltens prinzipiell nur erwarten können, wenn es biologischen Gegebenheiten nicht zuwiderläuft, andererseits bleiben genetische Dispositionen wirkungslos, wenn sie nicht durch „programmgemäße" Enkulturation ausgefüllt werden; die Effektivität wird man daran messen, in welchem Verhältnis die auf der genetischen Grundlage entwickelte psychische Verfassung eines Menschen zu einer konkreten Forderung des Rechts steht.

Maßgeblich für das tatsächliche Verhalten bleibt danach in erster Linie die psychische Entwicklung, die deshalb auf absehbare Zeit gerade für Forschungen zur Effektivität des Rechts an Bedeutung gewinnen muß. Gleichwohl sollte in Zukunft auf dem biologischen Sektor die Erforschung elektrochemischer und -physikalischer Prozesse, etwa durch

Hirnstrommessungen, mit Fragen nach einer Relevanz für das Rechtsverhalten des Menschen angegangen werden.

Fortschritte können weiterhin von der theoretischen Neurophysiologie, die sich mit Grundlagen der Informationsverarbeitung befaßt, und insbesondere von der humanethologisch ausgerichteten Verhaltensforschung erwartet werden.

Es ist aber zu vermuten, daß mögliche Erkenntnisse dieser Wissenschaftszweige hinsichtlich ihrer praktischen Verwertbarkeit noch mehr als bisher die Psyche des Menschen in den Mittelpunkt juristischer Grundlagenforschung stellen werden.

Literaturverzeichnis

Ardrey, Robert: The Territorial Imperative, 1966

Bagehot, Walter: Physics and Politics, 8. Aufl., 1887

Bentham, Jeremy: The Theory of Legislation, 1840

Bösel, Rainer: Humanethologie. Ethologische Aspekte menschlichen Verhaltens, 1974

Damon, William: The Social World of the Child, 1977

Ditfurth, Hoimar von: Der Geist fiel nicht vom Himmel. Die Evolution unseres Bewußtseins, 1976

Ehrenzweig, Albert: Psychoanalytische Rechtswissenschaft, 1973

Ehrlich, Eugen: Die Rechtsfähigkeit, 1909

— Grundlegung der Soziologie des Rechts, 1913 (Ehrlich, Grundlegung)

Eibl-Eibesfeldt, Irenäus: Liebe und Haß, 1970

— Menschenforschung auf neuen Wegen. Die naturwissenschaftliche Betrachtungsweise kultureller Verhaltensweisen, 1976

Ely, Richard T.: Property and Contract in their Relation to the Distribution of Wealth, 1914

Falck / Hillarp: On the Cellular Localization of Catecholamines in the Brain, in: Acta Anatomica 38 (1959)

Fichter, Joseph H.: Grundbegriffe der Soziologie, 2. Aufl. 1969

Friedman, Lawrence M.: Einige Bemerkungen über eine allgemeine Theorie des rechtsrelevanten Verhaltens, in: Jahrbuch für Rechtssoziologie und Rechtstheorie 3, 1972

Gibbs, James Lowell: Law and Personality: Supports for a New Direction, in: Nader (Hrsg.), Law in Culture and Society, 1969

— The Kpelle of Liberia, in: Peoples of Africa, 1965

Gipper, Helmut: Die Sonderstellung menschlicher Sprache gegenüber den Verständigungsmitteln der Tiere, in: Mitteilungen der Berliner Gesellschaft für Anthropologie, Ethnologie und Urgeschichte, Bd. 5, Heft 1 (1977/1980)

Goodall, Jane: Wilde Schimpansen, 1971

Goode, William J.: Soziologie der Familie, 2. Aufl. 1968

Goody, Jack: Death, Property and the Ancestors, 1962

Gruter, Margaret: Die Bedeutung der Verhaltensforschung für die Rechtswissenschaft, 1976 (Gruter, Die Bedeutung der Verhaltensforschung)

— The Origins of Legal Behavior, in: J. Social Biol. Struct., Heft 2, 1979 (Gruter, The Origins of Legal Behavior)

Haag, H.: Der Dekalog, in: Moraltheologie und Bibel, 1964

Hallowell, A. Irving: The Nature and Function of Property as a Social Institution, in: Culture and Experience, 1955

Hassenstein, Bernhard: Verhaltensbiologie des Kindes, 1973
— Instinkt, Lernen, Spielen, Einsicht, 1980
— Evolution und Werte, in: Kreuzer, F. / Riedl, Rupert (Hrsg.), Evolution und Menschenbild, 1983

Hassenstein, Bernhard und Helma: Was Kindern zusteht, 2. Aufl. 1978

Hess, Eckhard H.: Prägung, 1975

Hirsch, Ernst E.: Macht und Recht, in: ders.: Das Recht im sozialen Ordnungsgefüge, 1966
— Zur juristischen Dimension des Gewissens und der Unverletzlichkeit der Gewissensfreiheit des Richters, 1979 (Hirsch, Zur juristischen Dimension des Gewissens)
— Die Steuerung des menschlichen Verhaltens, JZ 1982, S. 41—47

Hobbes, Thomas: Leviathan, 1651 (Nachdruck 1958)

Hoebel, E. Adamson: Law of Primitive Man, 1954 (Nachdruck 1972)

Holst, Erich von: Zur Verhaltensphysiologie bei Tieren und Menschen, Bd. 1, 1969

James, William: What is an Instinct, in: Scribner's Magazine, 1887

Kao Liang Chow / Riesen / Newall: Degeneration of Retinal Ganglion Cells in Infant Chimpanzees Reared in Darkness, Journal of Comparative Neurology 107 (1957), S. 27—42

Kohlberg, L.: Stage and Sequence: The Cognitive-Developmental Approach to Socialization, in: Goslin (Hrsg.), Handbook of Socialization Theory and Research, 1969

Krüger, Uwe: Der Adressat des Rechtsgesetzes, 1969

Kummer, Hans: Primate Societies, 1971

Lampe, Ernst-Joachim: Rechtsanthropologie, 1970

Lorenz, Konrad: Evolution and Modification of Behavior, 1969
— Die Rückseite des Spiegels, 1973

MacLean, Paul D.: The Brain in Relation to Empathy and Medical Education, in: Journal of Nervous Mental Disease 144 (1967)
— Alternative Neural Pathways to Violence, in: Larry Ng (Hrsg.), Alternatives to Violence, 1968
— New Findings on the Striatal Complex, in: Annals of the New York Academy of Sciences 193 (1972)
— A Mind of Three Minds: Educating the Triune Brain, in: Education and the Brain, 1978 (MacLean, A Mind of Three Minds)

MacLean / Ploog: Display of Penile Erection in the Squirrel Monkeys, in: Animal Behavior 11 (1963)

MacLean / Greenberg / Ferguson: A Neuro-ethological Study of Display Behavior in Lizards, in: Society for Neuroscience 2 (1976)

Maine, Sir Henry Sumner: Ancient Law, 1861

Malinowski, Bronislaw: Crime and Custom in Savage Society, 1926 (Nachdruck 1972)

Metzger, Wolfgang: Psychologie in der Erziehung, 3. Aufl. 1976

Minkowski, Mieczyslaw: Constantin von Monakow, in: v. Monakow: Gehirn und Gewissen, 1950

Monakow, Constantin von: Die Syneidesis, das biologische Gewissen, in: Schweizer Archiv für Neurologie und Psychiatrie XX, 1 (1927)

Montagu, Ashley: The Nature of Human Aggression, 1976

Montesquieu, Charles de: Spirit of Laws, übers. von Thomas Nugent, Vol. II, 5. Aufl. 1773

Mühlmann, Wilhelm Emil: Institution, in: Bernsdorf, Wörterbuch der Soziologie, 2. Aufl. 1969

Noyes, Charles R.: The Institution of Property, 1936

Olds, James: Pleasure Centers in the Brain, in: Scientific American 195 (1956)

Palandt: Bürgerliches Gesetzbuch, 40. Aufl. 1981

Piaget, Jean: The Moral Judgement of the Child, 1932 (Nachdruck 1965)

Pospisil, L.: Anthropology of Law, 1971

Pound, Roscoe: Contract, in: Encyclopedia of the Social Sciences, 1937

Rawls, John: A Theory of Justice, 1971

Rehbinder, Manfred: Die Begründung der Rechtssoziologie durch Eugen Ehrlich, 1967 (Rehbinder, Eugen Ehrlich)

— Status — Kontrakt — Rolle, in: Berliner Festschrift für Ernst E. Hirsch, 1968 (Rehbinder, Status — Kontrakt — Rolle)

— Die Rechtstatsachenforschung im Schnittpunkt von Rechtssoziologie und soziologischer Jurisprudenz, in: Jahrbuch für Rechtssoziologie und Rechtstheorie 1, 1970

— Rechtskenntnis, Rechtsbewußtsein und Rechtsethos als Probleme der Rechtspolitik, in: Jahrbuch für Rechtssoziologie und Rechtstheorie 3, 1972

— Rechtssoziologie, 1977

Rehfeldt / Rehbinder: Einführung in die Rechtswissenschaft, 4. Aufl. 1978

Rother, Werner: Recht und Bewußtsein, 1979

Routtenberg, Aryeh: The Reward System of the Brain, in: Scientific American 239 (1978)

Rudy, Zvi: Biosoziologie, in: Bernsdorf, Wörterbuch der Soziologie, 2. Aufl. 1969

Schischkoff, G.: Philosophisches Wörterbuch, 6. Aufl. 1961

Schönke / Schröder: Strafgesetzbuch, 20. Aufl. 1980

Trivers, Robert L.: The Evolution of Reciprocal Altruism, in: The Quartely Review of Biology 46, 1971, S. 35—54

Werner, Fritz: Wandelt sich die Funktion des Rechts im sozialen Rechtsstaat?, in: Festschrift für Leibholz, Bd. 2, 1966

Wickler, Wolfgang: Die Biologie der Zehn Gebote, 2. Aufl. 1977

Wilson, Edward Osborne: Sociobiology: The New Synthesis, 2. Aufl. 1975

Youniss, J.: Affirmation, unpubliziertes Manuskript, 1976

Printed by Libri Plureos GmbH
in Hamburg, Germany